Deutsch

5.-8. Klasse

In der neuen Rechtschreibung

Erika Gerhardt

Aufsatz

Beschreibung

Erzählung

Bericht

Charakteristik

Inhaltsangabe

Erörterung

Der Text dieses Buches entspricht der neuen deutschen Rechtschreibung.

www. tandem- verlag. de

Zeichnungen: Jovica Savin, Frankfurt am Main
Fotos: AKG, Berlin: 44, 48, 54, 59, 60; **dpa,** Frankfurt am Main: 66; **flik flak,** Bad Soden/ Taunus: 14; **E. Gerhardt:** 39, 46, 56, 62, 69–70, 78; **GLOBUS-PRESS,** Köln: 67; **Haupka & Co.,** Bad Soden/**ADAC Verlag,** München: 18; **Bildagentur IPO,** Linsengericht: 35 u. r.; **Gisela Kelbert,** Idstein: 15; **Melitta Haushaltsprodukte,** Minden: 16; **P. Pinzer,** Eppstein: 10; **Reinhard-Tierfoto,** Heiligkreuzsteinach-Eiterbach: 8, 9, 32, 35 o., 40; **SAVE-Bild,** Augsburg/H. Hirsch: 42, **Archiv: Anschlag u. Goldmann:** 17 oben; **A. Kalk:** 28; **D. Lex:** 20, 21, 26; **Mettler:** 5, 35 unten links; **Nadolny:** 11, 24, 25, 41; **Tessmann & Endress:** 17 oben, 74; **TLC:** 17 o., 17 u.; **U. Kopp:** 17 o.; **AKG,** Berlin: 86, 116 oben, 121, 168, 169, 173; **Deutsche Lufthansa AG,** Köln: 195 (Werner Krüger); **dpa,** Frankfurt a. M.: 94 (Wagner), 154, 160; E. Gerhardt: 88, 93, 104 oben, 106 oben, 112, 115, 135, 147 unten, 152, 155 oben, 180, 185, 189, 192, 200, 201, 203; **Bildagentur IPO,** Linsengericht: 84, 96, 104 unten, 151, 187, 194, 214; **Keystone,** Hamburg: 87, 116 unten, 196; **Hermann Lindwehr,** Lingen: 132; **Mercedes-Benz Classic Archiv,** Stuttgart: 155 unten; **Ulrich Niehoff,** Bienenbüttel: 147 oben, 179, 188; **H. P. Schwarz,** Idstein: 145; **Silvestris Fotoservice,** Kastl/Obb.: 110 (Lenz Lothar), 184 (Bauer) **S. 98:** Albrecht Dürer: „Sämtliche Holzschnitte", 1981, S. 231, mit freundlicher Genehmigung des Berghaus Verlages, Kirchdorf Inn; **Archiv:** Kienitz & Grabis: 106 links und unten, 107, 205; D. Lex: 126 unten; Nadolny: 92, 126 oben, 130; Pinzer: 148 unten; Pool Ges./Hogen u. Zöltsch: 128, 129; TLC: 141, 142; Zöltsch: 148 oben; M. Zorn: 213
Zeichnungen: Jovica Savin, Frankfurt am Main; außer Rebecca Schweitzer, Meppen: 112; Archiv: B. Burkart: 128 mitte und U. Hoffmann: 103; Charles Coulon: 118, E. Gerhardt: 100 links, Anja Hermes: 101 links, Holger Hoffschröer: 101 mitte, Verena Lehnerl: 101 rechts, Corinna Niemeyer: 100 rechts, Maria Niers: 100 mitte; Archiv: Weiß & Haenitsch: 89
Titelgrafiken: Marlies Müller V., Dorothea Tust R.

Gesamtherstellung: Tandem Verlag GmbH, Königswinter

INHALT

Teil 1: Aufsatz 5./6. Klasse

INHALT

Teil 2: Aufsatz 7./8. Klasse

Deutsch

5./6. Klasse

Teil 1:

- Beschreibung
- Erzählung
- Bericht

BEVOR ES RICHTIG ZUR SACHE GEHT

Hinweise zur Benutzung des Buches

Liebe Schülerin, lieber Schüler!

Hast du Sorgen wegen schlechter Aufsatzzensuren? Dann wird es Zeit, dass dir geholfen wird!

Du willst mit diesem Übungsbuch arbeiten, weil du fest entschlossen bist in Zukunft bessere Aufsätze zu schreiben. BRAVO! Deinen Entschluss kann ich nur loben. Was hilft es herumzujammern und die Schuld für die schlechten Noten auf den Lehrer zu schieben? – Nichts!

Damit sich die Zensuren bei deinen nächsten Aufsätzen verbessern, brauchst du

- **gute Vorbilder,**
- **klare Regeln**
- und **geeignetes Übungsmaterial.**

Gute Vorbilder

Ich, die Autorin, bin schon viele Jahre Deutschlehrerin und habe für dich gute Aufsätze meiner Schülerinnen und Schüler zusammengestellt. Blättere mal in diesem Buch. Auf den Seiten 11, 12, 20, 21, 25, 26, 39, 41, 46, 56, 64 und im Lösungsteil findest du Aufsätze, die du dir als Vorbild nehmen solltest.

Lies diese Aufsätze aufmerksam durch. Vielleicht gehörst auch du zu den Schülern, denen schon geholfen ist, wenn sie sich gute Aufsätze ganz genau angesehen haben. Richte dich nach diesen Aufsätzen und schreibe ähnliche Texte.

Eine andere Möglichkeit: Lass dir die Musteraufsätze von deiner Oma oder deinem Bruder diktieren. Beim Schreiben prägt man sich vieles einfach besser ein.

Klare Regeln

Bei jeder Aufsatzform musst du ein paar wichtige Regeln beachten. Du findest sie in dieser Lernhilfe auf den Seiten

- 13 (Gegenstandsbeschreibung),
- 27 (Vorgangsbeschreibung),
- 36 (Nacherzählung),
- 43 (Erzählung),
- 65 (Bericht).

Alle Regeln und Tipps stehen auf einer grünen Fläche. Du solltest sie dir gut einprägen und bei deinen Aufsätzen anwenden.

Übungsaufgaben

Wenn du weißt, wie man gute Aufsätze schreibt, wirst du das auch ausprobieren wollen. Am wichtigsten sind natürlich die Themen, die dein Lehrer oder deine Lehrerin als Übungsaufgaben stellt. Diese **Übungsaufsätze** solltest du mit großer Sorgfalt schreiben! Zusätzliche Übungsaufgaben findest du in dieser Lernhilfe. Nimm dir regelmäßig Zeit und schreibe einen Übungsaufsatz.

Den *Rat* von MacCool solltest du beherzigen!
Helfen könnten dir deine Eltern oder Großeltern, aber auch deine älteren Geschwister. Eine andere Möglichkeit: Arbeite mit deinem Freund/deiner Freundin zusammen. Lest euch eure Aufsätze gegenseitig vor und besprecht sie dann.

Wie du sicher weißt, gibt es beim Aufsatzschreiben nicht *die eine* richtige Lösung. Betrachte die Texte im Lösungsteil deshalb immer als Beispiele, die dir Anregungen geben. Und: Schau erst dann im Lösungsteil nach, wenn du den Aufsatz geschrieben oder die Aufgabe gelöst hast.

Lege dir ein **besonderes Aufsatzheft** an, in das du alle Übungsaufsätze schreibst. *Dieses Aufsatzheft solltest du auch deinem Deutschlehrer/deiner Deutschlehrerin zeigen.* Vielleicht liest er/sie deine Aufsätze durch. Auf jeden Fall sieht er/sie, dass du dich um das Aufsatzschreiben wirklich bemühst. Er/Sie wird dir zumindest deinen guten Willen anrechnen!

Für die Übungsaufsätze nehme ich mir Zeit:

jeden ____________________

von ______ **bis** ______ **Uhr.**

GENAU BEOBACHTEN – GENAU BESCHREIBEN

Die Gegenstandsbeschreibung

Wer etwas verloren hat, kann in der Zeitung eine Kleinanzeige aufgeben. Manchmal hat man Glück und bekommt sein Eigentum wieder zurück. Einige Kleinanzeigen aus der Zeitung sind hier abgedruckt.

Verloren/Gefunden

Grün-roter Großsittich entflogen. Bitte melden bei ☎ 0 25 … 1

Ehrlicher Finder von Plastiktüte, Inhalt: wollweiß-goldener Rock, mit Top. Bitte melden ☎ 31 … Finderlohn! 2

Goldene Brosche (kleines Blumenkörbchen) verloren, Finderlohn. ☎ 22 … o. 54 … 3

4-reihiges Zuchtperlenarmband Nähe Stadttheater verloren. Hoher Finderlohn. Off. 10i 3852 4

Suche meine Katze! 21. 8. im Kreuzviertel entl. Nelly ist sehr scheu u. hat ein weißes Fell mit schw. Flecken, tätow. Ohren. Belohnung! ☎ 76 … 5

Sind die Suchanzeigen gut formuliert? Was meinst du?

Du weißt, dass jede Zeile einer Zeitungsanzeige sehr viel Geld kostet. Wer wenig Geld ausgeben will, muss mit wenigen Worten ganz genau beschreiben, was er verloren hat.

Wie gut sind die Kleinanzeigen formuliert?

1 Wer wirklich einen so auffälligen Vogel wie einen grün-roten Großsittich sieht (und einfangen kann), würde sich sicher melden.

2 Die zweite Anzeige ist auch gut formuliert. Eine Plastiktüte mit einem wollweiß-goldenen Rock mit Top könnte man leicht erkennen.

Aufgabe 1

Beantworte nun selbst die Fragen zu den Anzeigen 3 bis 5.

Lösungen auf Seite 74

③ Wie ist die dritte Anzeige formuliert?

gut ☐ schlecht ☐

④ Wie ist die vierte Anzeige formuliert?

Dass das Perlenarmband *4-reihig* ist, ist ein

guter ☐ schlechter ☐ Hinweis.

Dass das Armband aus *Zucht*perlen besteht, ist ein

guter ☐ schlechter ☐ Hinweis.

Dass das Armband *in der Nähe des Stadttheaters* verloren wurde, ist ein

guter ☐ schlechter ☐ Hinweis.

Kannst du begründen, was du angekreuzt hast?

⑤ Wie ist die letzte Suchanzeige formuliert?

Suche *meine* Katze.

Das ist ein guter ☐ schlechter ☐ Hinweis.

Sie heißt *Nelly.*

Das ist ein guter ☐ schlechter ☐ Hinweis.

Sie ist *sehr scheu.*

Das ist ein guter ☐ schlechter ☐ Hinweis.

Sie hat ein *weißes Fell mit schwarzen Flecken.*

Das ist ein guter ☐ schlechter ☐ Hinweis.

Sie hat *tätowierte Ohren.*

Das ist ein guter ☐ schlechter ☐ Hinweis.

Aufgabe 2

Sieh dir nun noch einmal alle Suchanzeigen an.

Schreibe die Merkmale auf.

Welches waren die Merkmale des Sittichs? grün, rot, ____________

– des Rockes? ____________

– der Brosche? ____________

– des Armbandes? ____________

– der Katze? ____________

Lösungen auf Seite 74

HILF MIT
ENERGIE
SPAREN

Der verlorene Kugelschreiber

Alexandra hat ihren Kugelschreiber, den sie von ihrer Freundin geschenkt bekommen hat, verloren!
Zum Glück kann sie ihn genau beschreiben.

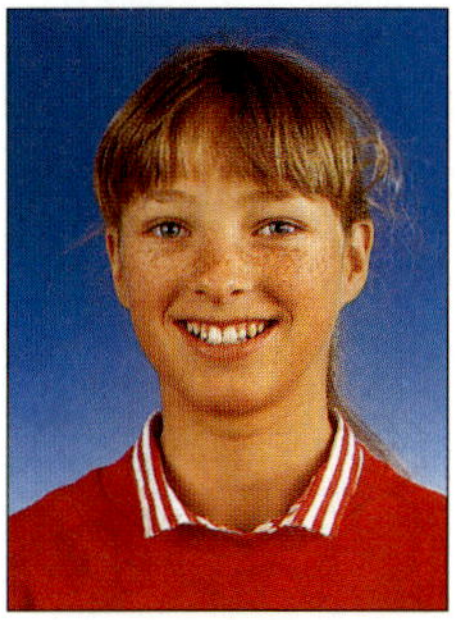

Aufsatz von Alexandra D.:

Ich habe meinen Kugelschreiber verloren. Er sieht nicht so aus wie andere. Der runde Mittelteil ist gelb, die Spitze ist rot, genau wie die Halterung. Der Teil des Kugelschreibers, den man zwischen den Fingern hält, ist hellblau und hat drei Rillen für einen besseren Halt beim Schreiben. Um die Mine hervorkommen zu lassen drückt man auf eine grüne Kugel.
Wer hat meinen bunten Kugelschreiber gefunden?

Name des Gegenstandes

Wichtige Einzelheiten

Schlusssatz

Aufgabe 3

Beantworte die Fragen zum Aufsatz von Alexandra.
Streiche aus, was falsch ist, und trage die fehlenden Wörter ein.

Lösungen auf Seite 74

1. Welchen der auf Seite 10 abgebildeten Kugelschreiber hat Alexandra verloren?
den rechten / mittleren / linken

2. Wie viele wichtige Einzelheiten nennt Alexandra?
vier / fünf / sechs / sieben / acht / neun

3. Welche Eigenschaftswörter (Adjektive) hat Alexandra verwendet?

rund, ______________________________

____

Du findest noch sechs weitere Eigenschaftswörter!

Auch MacCool hat einen schicken Kugelschreiber, den er in einem Aufsatz beschrieben hat. Du kannst seine Beschreibung mit der Abbildung auf Seite 10 vergleichen.

Aufsatz von MacCool:

Mein Kugelschreiber besteht aus 3 Teilen: einem roten Stift, einer Kappe, die wie ein Schneemann aussieht, und einem roten Band, damit ich mir den Kugelschreiber um den Hals hängen kann. Der weiße Schneemann trägt einen schwarzen Zylinder. Die Augen sind schwarz. Die Nase ist ein roter Punkt, der lachende Mund ist auch rot. Der Schneemann hat einen langen, roten Schal um und einen gelben Besen in der rechten Hand. Auf der Brust des Schneemanns sind zwei schwarze Knöpfe zu erkennen.

Ich finde meinen Kugelschreiber sehr lustig.

▪ Aufgabe 4 ▪

Achtung: Die Ziffern sind kein Hinweis auf die richtige Reihenfolge!

Auf den vier Schildern sind die Abschnitte einer Gegenstandsbeschreibung genannt. Ordne sie dem Aufsatz von MacCool zu, indem du die Kennziffern (1–4) an der richtigen Stelle neben dem Text einträgst.

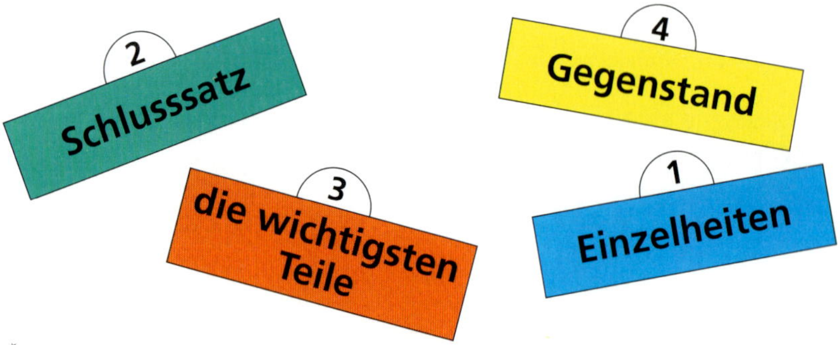

Lösungen auf Seite 74

In diesem Aufsatz werden viele Adjektive (Eigenschaftswörter) verwendet. Eines davon ist überflüssig. Welches? Streiche es aus.

roter Stift / weißer Schneemann / langer, roter Schal / schwarze Knöpfe

Im ersten Kapitel über die *Gegenstandsbeschreibung* hast du eine Menge gelernt. Versuche nun die folgenden Fragen richtig zu beantworten:

- Wann ist eine Gegenstandsbeschreibung gut?
- Welche Zeit wird bei Gegenstandsbeschreibungen verwendet?
- Worauf musst du beim Formulieren achten?
- Wie hat Alexandra ihre Gegenstandsbeschreibung gegliedert?

Das Wichtigste in Kürze: Gegenstandsbeschreibung

- Sieh dir den Gegenstand ganz genau an!
  Wie heißen die einzelnen *Teile* des Gegenstands?
- Drücke die **Einzelheiten** möglichst genau aus:
  Material, Form, Farbe …
  Verwende dafür auch Eigenschaftswörter (Adjektive).
- Eine Gegenstandsbeschreibung ist gut, wenn der Leser den Gegenstand nachzeichnen kann ohne ihn gesehen zu haben.
- Verwende das **Präsens** (Gegenwart).
- Sinnvolle Gliederung:

  1. Genaue Benennung des Gegenstands
  2. Auffällige Merkmale
  3. Andere wichtige Merkmale
  4. Schlusssatz

Übungsaufsätze

▪ Schicke Armbanduhren ▪

1. Thema für eine Gegenstandsbeschreibung

Beschreibe von diesen beiden Armbanduhren diejenige, die dir besonders gut gefällt. (Uhr *und* Armband)

Du kannst deine Beschreibung so beginnen:

Mein Freund (meine Freundin) hat eine ganz originelle flik-flak-Armbanduhr …

Vorschläge für den Anfang und den Schluss

Du kannst deinen Aufsatz so beenden:

So eine Armbanduhr wünsche ich mir auch zum Geburtstag.

Die Sonnenuhr

2. Thema für eine Gegenstandsbeschreibung

Daniel und sein Vater haben eine Sonnenuhr gebaut und im Garten aufgestellt.
Sieh dir die Sonnenuhr genau an.

Sonnenuhren sind die ältesten Vorrichtungen zur Bestimmung der Ortszeit. Sie wurden vor fast 3 500 Jahren in Ägypten erfunden.

Beschreibe die abgebildete Sonnenuhr. Erkläre dabei auch, wie eine solche Uhr funktioniert.
Wie spät war es, als dieses Foto gemacht wurde?

Der Stutenkerl

3. Thema für eine Gegenstandsbeschreibung

Chris und Julia wollen, dass ihre Mutter ihnen einen Stutenkerl backt, wie sie ihn auch im Fernsehen gesehen haben.
Die Mutter kann sich aber keinen „Stutenkerl" vorstellen. Also müssen Chris und Julia ihr dieses leckere Gebäck möglichst genau beschreiben. Hilf den beiden, indem du ihnen eine genaue Beschreibung zur Verfügung stellst. Vergiss nicht die kleinen Details, die den Stutenkerl verzieren.

Damit dir die Beschreibung leichter fällt, einige Worthilfen:

Die angegebenen Worthilfen solltest du bei deiner Beschreibung benutzen.

Stuten = Weißbrot
Hefeteig
Rosinen
Schnurrbart
gezackte Verzierungen
goldbraune Farbe (sie entsteht dadurch, dass man den Stutenkerl vor dem Backen mit Eigelb bestreicht)

Mein Lieblingsgebäck

Beschreibe ein Gebäck, das du besonders gern isst. Einige Beispiele: *Brezel, Hörnchen, Schweinsohr, Berliner/Krapfen, Windbeutel ...*
Lies deinen Text vor und lass von deinen Zuhörern erraten, wie das beschriebene Gebäck heißt.
Ein Beispiel für solch einen Aufsatz findest du im Lösungsteil auf Seite 74.

4. Thema für eine Gegenstandsbeschreibung

Vom Schwein und dem Glück

Ein Glücksschwein hast du sicher oft gesehen, vielleicht auch schon einmal geschenkt bekommen.
Beschreibe das Glücksschwein auf dem Foto. Erkläre dabei auch die symbolische Bedeutung des Schweins und der einzelnen Teile.
Warum werden Glücksschweine besonders zu Neujahr verschenkt?

5. Thema für eine Gegenstandsbeschreibung

STRASSEN, PLÄTZE, KREUZUNGEN

Die Wegbeschreibung

Andrea hat ihren Schulweg mit Rotstift in den Stadtplan eingezeichnet. An zwei besonders gefährlichen Stellen hat sie das Zeichen  eingefügt.
Kannst du dir vorstellen, warum diese Stellen besonders gefährlich sind?

Der Plan rechts zeigt nur einen Teil von Wiesbadens Innenstadt.

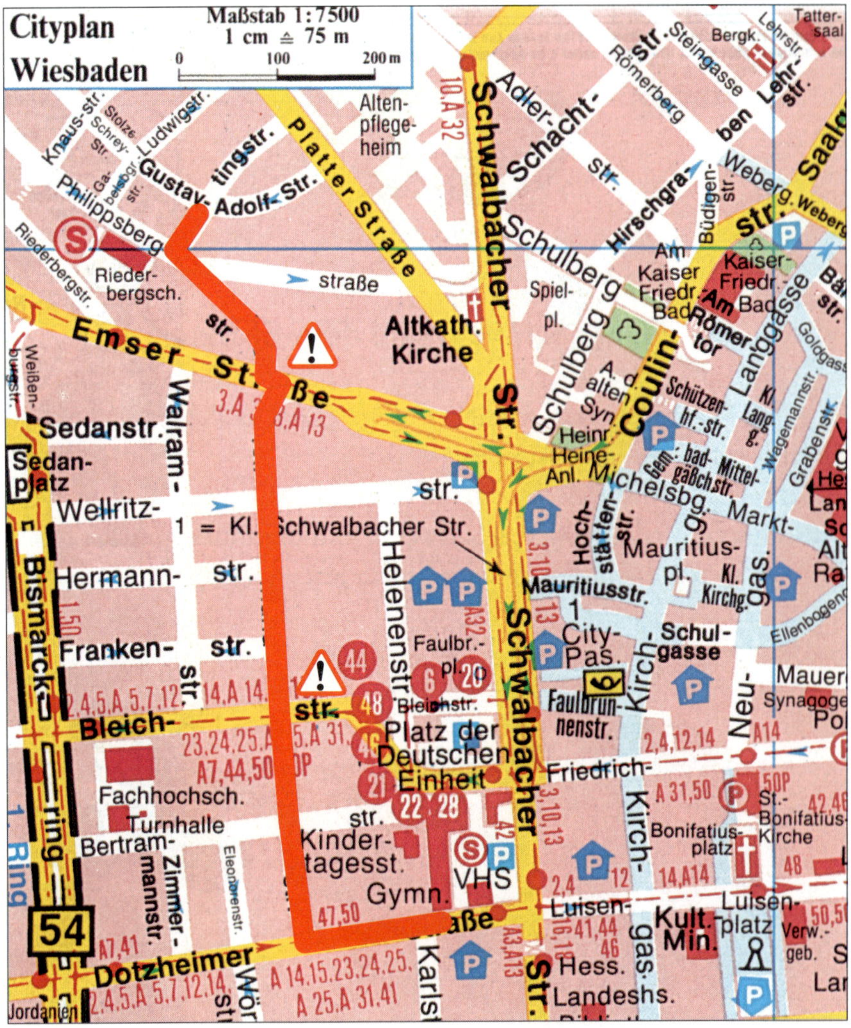

▪ Mein Schulweg ▪

Klebe eine Kopie des Stadtplans deiner Stadt hier ein.
Überlege, welche Stellen deines Schulwegs besonders gefährlich sind. Füge dort das Zeichen ⚠ ein.

Thema für eine Wegbeschreibung

Wichtige Hinweise zum Thema „Schulweg":

1. Nenne nicht nur Straßennamen, sondern *beschreibe die Straßen* genauer.
2. Wenn du ein *Verkehrsmittel* benutzt, schreibe nur, wo du einsteigst und wo du aussteigst. Du brauchst nicht den ganzen Streckenverlauf zu beschreiben.
3. Erwähne eine besonders *gefährliche Stelle* deines Schulwegs, wo du gut aufpassen musst.
   Warum ist diese Stelle gefährlich?
   Was musst du beachten?
4. Schreibe zum Schluss, wie lange dein Schulweg dauert.

Ein Thema – zwei Aufsätze

Zwei Schülerinnen haben ihren Schulweg beschrieben. Lies beide Aufsätze durch und stelle fest, welcher der bessere ist.

1. Aufsatz

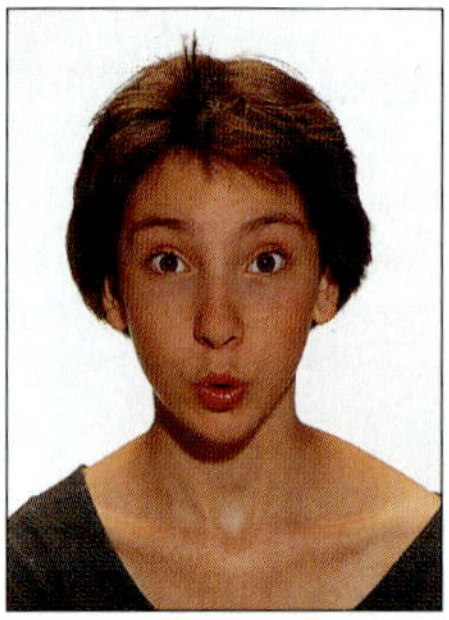

Aufsatz von Bianca N.:

Jeden Morgen verlasse ich um 7.20 Uhr das Haus und gehe durch die Kirchstraße zum Haus meiner Freundin Lisa. Ihr Vater nimmt uns bis zum Rathausvorplatz mit. Von dort aus gehen Lisa und ich zur Ampel. Da morgens viel Verkehr herrscht, ist es manchmal sehr gefährlich, wenn Schüler bei Rot über die Straße gehen.

Hinter der Kreuzung mit der Ampel gehen wir Richtung Eiscafé „Lido" und kommen in die Fußgängerzone. Vor unserer Schule warten Schülerlotsen, sodass wir ohne Gefahr die Schulstraße überqueren können und auf den Schulhof kommen.

2. Aufsatz

Aufsatz von Verena G.:

Seit ein paar Wochen besuche ich eine neue Schule und habe auch einen neuen Schulweg. Wir wohnen im Rosenweg, das ist eine sehr ruhige Straße mit alten Bäumen. Ich biege mit dem Rad in die Frankfurter Straße ein. Sie ist sehr belebt, weil morgens alle Leute in die Stadt fahren. Es gibt keinen Radweg und die Straße führt etwas bergauf. Deshalb muss ich immer auf die vielen Autos aufpassen. Die Kreuzung Frankfurter Straße/Bahnhofstraße ist besonders gefährlich, weil ich mit meinem Fahrrad nach links abbiegen muss. Es gibt genug Autofahrer, die noch bei Gelb mit hoher Geschwindigkeit weiterfahren und auf Radfahrer keine Rücksicht nehmen. Nach der Unterführung bin ich bald an der Sporthalle unserer Schule.

Mein Schulweg ist nicht sehr weit (12–15 Minuten), aber er ist gefährlich.

■ Aufgabe: Vergleich der beiden Aufsätze ■

Beantworte die Fragen, kreuze die richtige Antwort an.

Du brauchst einen blauen und einen roten Stift!

1. Welche der beiden Schülerinnen nennt nicht nur Straßennamen, sondern beschreibt die Straßen genauer?
Bianca ❑ Verena ❑
(Unterstreiche die Stellen im Aufsatz mit *blauem Stift,* wo die Straßen näher beschrieben werden.)

2. Welche der beiden Schülerinnen erwähnt eine Stelle des Schulwegs, die *für sie selbst* sehr gefährlich ist?
Bianca ❑ Verena ❑
(Unterstreiche die Stelle mit *Rotstift,* wo die Gründe für die Gefahr genannt werden.)

3. Welche Schülerin schreibt, wie lange der Schulweg dauert?
Bianca ❑ Verena ❑

4. Welcher Aufsatz ist der bessere? Der von
Bianca ❑ Verena ❑

Lösungen auf Seite 75

Mein Weg zur Schule

1. Thema für eine Wegbeschreibung

Beschreibe deinen eigenen Schulweg. Nimm dafür den Plan zu Hilfe, den du auf Seite 19 eingeklebt hast.
Bevor du anfängst, fertige eine *Stoffsammlung* an.

1. Welche Straßen benutzt du um in deine Schule zu kommen?

Straßennamen	**Merkmale dieser Straßen**

Die Stoffsammlung ist eine wichtige Vorarbeit. Sie hilft dir deine Gedanken zu ordnen.

2. Welche Stelle(n) ist (sind) für dich immer besonders gefährlich?

Nenne die Stelle(n):	**Warum ist (sind) sie gefährlich? Was musst du tun?**

Schreibe jetzt den Aufsatz in dein Heft. Wenn du unsicher bist, lies dir noch einmal die Hinweise auf Seite 20 durch.

Der Klassenausflug

Unsere Klasse plant eine Radtour/eine Wanderung.
Erzähle deiner Mutter, welchen Weg ihr ausgesucht habt.
Begründe, warum gerade diese Strecke gewählt wurde. (Landschaftliche Schönheit, Aussichtspunkte, Rastplätze ...)

2. Thema für eine Wegbeschreibung

Unterwegs mit der Familie

Deine Familie hat am Sonntag eine längere Wanderung oder eine Radtour gemacht.
Berichte deiner Oma davon in einem Brief.

3. Thema für eine Wegbeschreibung

Du kannst so anfangen:

Liebe Oma,

am Sonntag war das Wetter gut. Da haben Papa, Mama und ich eine längere Radtour gemacht ...

Schreibe den Brief in dein Heft.

SIMONE ALS HASE

Die Personen- und Vorgangsbeschreibung

Simone ist von ihrer Mutter für den Karneval geschminkt worden. Die einzelnen Schritte des Schminkens kannst du auf den vier Fotos sehr gut nachvollziehen.
Wie gefällt dir das geschminkte Gesicht? Hast du dich auch schon einmal durch Schminken und Kostümieren in ein Tier oder in einen Clown verwandelt?

Vier Schritte einer Verwandlung …

… und schon ist aus Simone ein Hase geworden.

Das fertig geschminkte Gesicht

Oliver hat das vollständig geschminkte Gesicht von Simone beschrieben. Er hat sich dabei das vierte Foto (Seite 24 unten rechts) genau betrachtet. Seinen Aufsatz kannst du hier lesen.
Prüfe, ob er alle Einzelheiten richtig wiedergegeben hat.

Thema für eine Personenbeschreibung

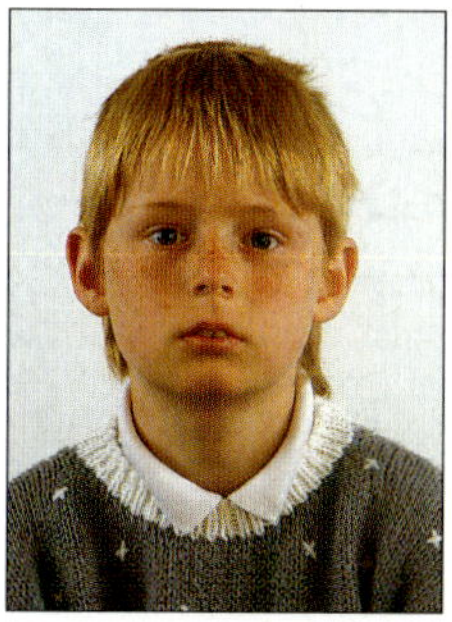

Aufsatz von Oliver St.:
Simone ist von ihrer Mutter für den Karneval geschminkt worden. Sie sieht jetzt aus wie ein Hase.
Ihr Gesicht ist grau. Auf der Stirn ist das Grau dunkler, auf den Wangen und am Kinn etwas heller. Die Augen sind durch zwei Bögen hervorgehoben. Der innere Bogen ist schwarz und der äußere weiß. Die Nasenspitze ist schwarz. Auf der Oberlippe sind rechts und links drei schwarze Punkte und Striche, die die Barthaare des Hasen darstellen sollen. Auf der Unterlippe sind zwei Nagezähne des Hasen in weißer Farbe kräftig aufgemalt.
Simone hat ein graues Kostüm aus Plüsch angezogen. Oben auf der Kapuze sind die langen Hasenohren angenäht. Um den Hals trägt Simone einen großen, weißen Kragen aus Spitze.
In ihren Pfoten hält sie eine gelbe Rübe, weil Hasen gern Rüben fressen.

■ Aufgabe 1 ■

Dieser Aufsatz ist eine Beschreibung, wie du sie schon kennst. Es wird aber kein Gegenstand beschrieben, sondern ein Gesicht. Sicher fällt es dir leicht die Gliederung des Aufsatzes zu erkennen.

Trage die Zeilenzahlen in die Lücken ein.

1. Was wird beschrieben? Zeile _____ bis _____
2. Die zwei Teile des Gesichts: Zeile _____ bis _____
3. Weitere wichtige Einzelheiten: Zeile _____ bis _____
4. Schluss: Zeile _____ bis _____

Lösungen auf Seite 75

Wie Simone zum Hasen wurde

Als ich die Fotos von Simone meinen Schülerinnen und Schülern zeigte, wollten einige von ihnen auch als Hase geschminkt werden. Wie macht man das?
Lies den Aufsatz von Philipp, dem Bruder von Simone. Er hat beim Schminken zugesehen.

Eine Vorgangsbeschreibung

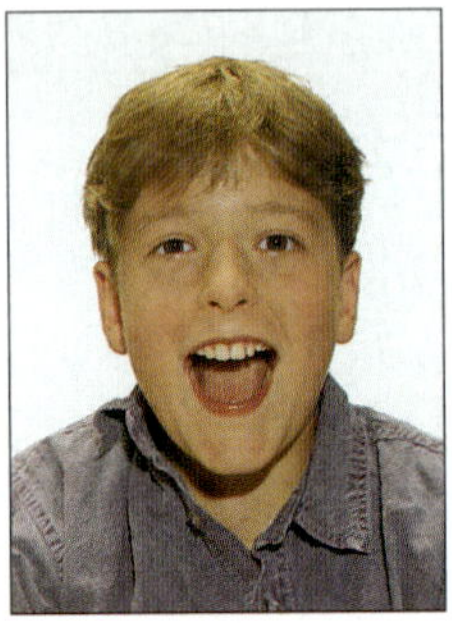

Aufsatz von Philipp A.:
Die vier Fotos zeigen, wie Simone geschminkt worden ist. Man braucht dazu nur drei Farben: Grau, Schwarz und Weiß.
Zunächst werden die Umrisse der Bögen um die Augen und ein Kreis auf der Nasenspitze mit schwarzer Schminke gezeichnet. Dann werden die restlichen Teile des Gesichts mit grauer Farbe geschminkt, der obere Teil etwas dunkler, die Wangen und das Kinn etwas heller. Anschließend werden die Bögen über den Augen mit schwarzer und weißer Farbe ausgemalt. Für die Nasenspitze und den Schnurrbart braucht man ebenfalls schwarze Schminke. Die beiden Nagezähne werden mit weißer Farbe auf die Unterlippe gezeichnet.
Man sieht, das Schminken ist nicht schwer. Simone darf dabei aber nicht lachen, auch wenn der Pinsel mit der Farbe manchmal kitzelt.

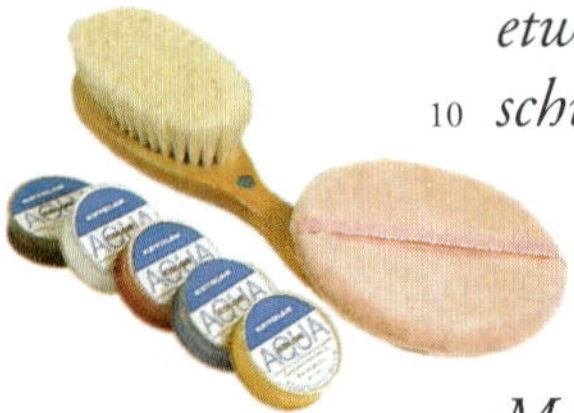

▪ Aufgabe 2 ▪

Schreibe die Antworten in dein Übungsheft.

Lösungen auf Seite 75

Beantworte die Fragen zum Aufsatz von Philipp.

1. Was wird gebraucht um Simone zu schminken?

2. In welcher Reihenfolge wird Simone geschminkt?
1. Schritt: … 3. Schritt: …
2. Schritt: … 4. Schritt: …

Der Aufsatz von Philipp beschreibt den **Vorgang** des Schminkens. Man nennt solche Aufsätze **Vorgangsbeschreibungen.**

Du hast in diesem Kapitel gelernt, was eine *Vorgangsbeschreibung* ist und was dabei beachtet werden sollte.

- Welche Vorgänge wurden beschrieben? Erinnerst du dich?
- Wie war Philipps Aufsatz gegliedert?
- In welcher Zeit steht eine Vorgangsbeschreibung?

Das Wichtigste in Kürze: Vorgangsbeschreibung

- Bei einer Vorgangsbeschreibung wird ein **wiederholbarer Vorgang** beschrieben: zum Beispiel Schminkvorgang, Bastelanleitung, Spielregeln, Koch- und Backrezepte, der typische Ablauf einer sportlichen Übung …

- Sinnvolle Gliederung:

  1. Sage genau, um welchen Vorgang es sich handelt.
  2. Nenne alle *Voraussetzungen,* damit der Vorgang ablaufen kann.
  3. Beschreibe den Vorgang *Schritt für Schritt.* Achte dabei auf die richtige Reihenfolge.
  4. Am Ende deiner Beschreibung gibst du das *Ergebnis des Vorgangs* an.

- Die einzelnen Schritte einer Vorgangsbeschreibung kannst du mit folgenden Wörtern einleiten:

  Zunächst …, Zuerst …, Dann …,
  Danach …, Darauf …, Anschließend …, Zum Schluss …,
  Zuletzt …

- Die Vorgangsbeschreibung steht im **Präsens** (Gegenwart).

Zwei Katzen als Fensterbilder

Sieh dir die beiden Katzen an – eine kleine, knurrige (mit buschigem Schwanz) und eine große, die viel freundlicher wirkt. Möchtest du diese beiden Katzen als Fensterbilder basteln?

Als Material verwendest du Glanzkarton.
Welche Farben sind notwendig? schwarz,

Du brauchst außerdem ein scharfes Bastelmesser oder eine Schere und Klebstoff.

Thema für eine Vorgangsbeschreibung

Erkläre deiner Freundin/deinem Freund, wie man die beiden Katzen herstellt. Die Vorlage für die *kleinere Katze* ist unten abgebildet. Beschreibe nun den Vorgang Schritt für Schritt.
Die angegebenen vier Punkte helfen dir dabei:

1. Die Einzelteile von der Vorlage abzeichnen
(Welches Papier ist dafür gut geeignet?)

2. Alle Teile in der richtigen Anzahl auf den entsprechenden Karton zeichnen
(Welches Teil wird mehrfach benötigt?)

3. Ausschneiden der einzelnen Teile
(Mit welchen beginnst du? Welche sind schließlich vorhanden?)

4. Zusammenkleben der Teile
(Welche sollten zunächst zusammengekleben werden? Welches Teil wird *auf* welches Teil geklebt?)

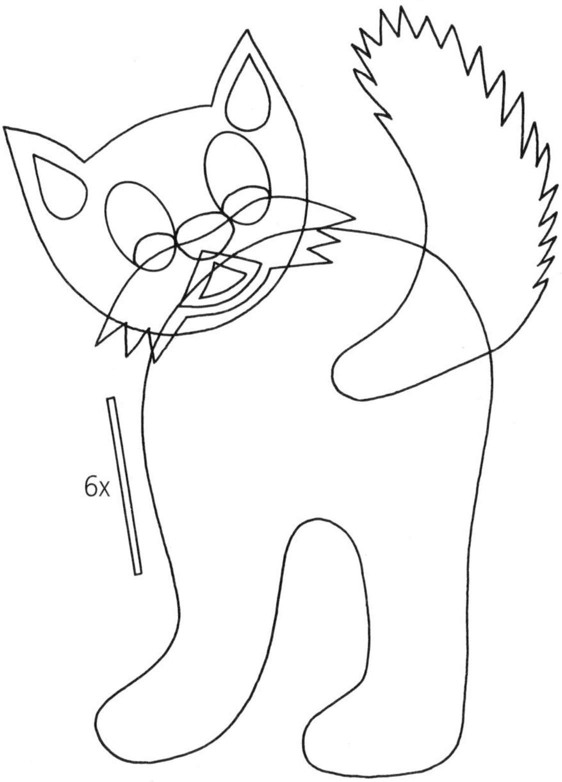

Philipp als Clown

Philipp wird in einen Clown verwandelt.

Simone möchte ihren Bruder Philipp zum Clown schminken. Du kannst ihr dabei helfen. Nimm Buntstifte und male sein Gesicht an. Die Haare können beispielsweise eine rote Perücke sein.
(Wie der geschminkte Philipp aussehen *könnte,* zeigt das Bild auf Seite 75.)

Aufgaben:

Thema für eine Personenbeschreibung

1. Beschreibe Philipps Gesicht. (Wenn du nicht genau weißt, wie du anfangen sollst, blättere zurück auf Seite 25 und lies Olivers Aufsatz noch einmal durch.)

Thema für eine Vorgangsbeschreibung

2. Beschreibe dann, wie Simone ihren Bruder zum Clown geschminkt hat.

DAS HABE ICH GELESEN

Die Nacherzählung

Lies die folgende Geschichte aufmerksam durch. Beachte die Erklärungen in der Randspalte. Sie helfen dir Wörter zu verstehen, die du vielleicht nicht kennst.

PETER HÄRTLING

Der Hase Theodor

Seit mehr als einem Jahr bewohnt der Hase Theodor einen hölzernen Stall in unserem Garten. Clemens hatte sich ein Häschen zu seinem sechsten Geburtstag gewünscht. Bei Nachbarn hatte er einen Hasen gesehen, der sehr viel kleiner war als alle Hasen im Wald: ein *Hasenzwerg,* und ganz, ganz zahm! Wir glaubten ihm erst nicht, denn wir erinnerten uns an Stallkaninchen, an mächtige, kräftige Tiere, die durchaus mit Feldhasen zu vergleichen sind. „Ihr habt keine Ahnung", sagte Clemens. Wir hatten keine Ahnung, wir wussten nicht, dass inzwischen Kaninchen auf Zwergengröße gezüchtet worden waren. Zum reinen Vergnügen. Nicht mehr um Felle zu liefern oder abgezogen in den Kochtopf zu wandern. Diese Zwerghasen sind ein Modeartikel. So, wie es Angorakatzen oder kleine Pudel sind. Für den Schoß und für das Zimmer.

Hasenzwerg: gemeint ist ein Zwergkaninchen

Die Unterhaltung über den gewünschten Hasen war hartnäckig und *scharf.* Mutter wie Vater sprachen sich gegen das kleine Tier aus. Clemens war nicht abzubringen. Dann kamen alle üblichen Elternforderungen: Du musst wirklich für das Tier sorgen! Du musst ihn täglich füttern! Du musst den Stall putzen, hörst du, Clemens. Clemens bejahte selbstverständlich alles und so entschlossen wir uns eines dieser Zwergkaninchen zu kaufen.

scharf: heftig, bissig

Vor einem Jahr waren sie noch nicht so in Mode. Und ich sage „Mode" ganz böse, weil ich finde, dass alle Modetiere eigentlich geschundene Wesen sind. Damals waren Zwergkaninchen noch nicht in sämtlichen Tierhandlungen zu kaufen. Wir mussten in die Nachbarstadt fahren, empfohlen von Hasenkundigen. Vom Tierhändler wurden wir einer strengen Prüfung unterzogen.

Haben Sie schon einen Stall? – Nein.
Wissen Sie, wie man mit Kaninchen umgeht? – Nein.
Diese Tiere sind empfindlich! – Wir werden schon dafür sorgen, dass es ihm gut geht.

Clemens musste vor dem Laden warten, denn er sollte sein Geburtstagsgeschenk nicht vor dem Geburtstag sehen. Seine drei Geschwister und seine Eltern suchten unter vier Wollzwergen das Gewünschte aus. Es hatte kürzere Ohren als normale Hasen, kleine *Löffel* also, und war nicht größer als eine Hand. Ganz weiß das Fell mit schwarzen Härchen an den Löffelspitzen und den Vorderpfoten und rote, ein wenig dumm glotzende Äuglein. Wir fanden es lieb.

Löffel: die Ohren des Zwergkaninchens

Der Händler setzte es in einen Pappkarton, gab uns Säcke mit Heu und *Spreu* und Trockenfutter mit. Er erläuterte uns, dass *Wirsing* ausgezeichnet, doch *Weißkraut* als Nahrung schädlich ist. Karotten freilich sind immer zu bevorzugen. Wasser oder Milch braucht das Tierchen nicht. Alle Nager nehmen die nötige Flüssigkeit mit den Gemüsen auf, die sie täglich in großen Mengen verzehren.

Spreu: die Hülsen des gedroschenen Getreides

Wirsing: eine besondere Art Kohl/Kraut

Weißkraut: Man sagt auch „Weißkohl"

Ein Nachbar zimmerte uns den großen Stall. Er steht im Garten, auch im Winter, obwohl wir den Hasen im November ins Haus genommen haben. Wir fürchteten, er müsse frieren. Das war ein Irrtum, er hat wie seine Vorfahren, die großen Hasen, ein dickes Winterfell.

Weiße Zwergkaninchen haben oft rötliche Augen.

Clemens war in der Tat entzückt. Wir suchten verzweifelt nach einem Namen und fanden, „Theodor“ wäre eigentlich schön. Der Name ist ein bißchen größer als der Hase, aber er hat sich an ihn gewöhnt. Wir uns auch.

Die Gewöhnung jedoch brachte es mit sich, dass Clemens das Tier in seinem Stall bald vergaß. Er sagte zwar: „Mein Theodor …“ Für den Hasen ist das keine Hilfe, denn er vergisst ihn zu füttern. Sein ältester Bruder, der Fabian, putzt den Stall alle zwei Wochen und sein Vater lässt Theodor im Garten oder im Wohnzimmer den nötigen Auslauf. Nur die Jüngste, die dreijährige Sophie, die vor riesigen Hunden ebensowenig Angst hat wie vor *Blindschleichen,* geht jeden Morgen erst einmal zum Stall und guckt, ob es dem Theodor gut geht. Sie ist die Einzige. Da sie ihm aber nur selten Salat, Karotten oder Körner bringt, hilft es dem Theodor wenig.

Blindschleiche: ungiftiges Kriechtier

Ich finde es *ohnehin* schlimm, dass es diese Modetiere gibt, diese auf Handgröße gezüchteten Wesen. Was helfen uns Hunde, die in Blumenvasen passen und so hübsch zu fotografieren sind? Einst, als die Menschen noch Jäger oder Bauern waren, hatten die Hunde die Pflicht zu jagen oder zu wachen. Heute beißen sie allenfalls den Nachbarn oder den Briefträger oder müssen zum Tierarzt, weil sie mit den Nerven herunter sind.

ohnehin: sowieso

Zum Beispiel Theodor: Wenn wir ihn ins Wohnzimmer holen, damit er herumrennen kann, schlägt er jede Minute einen Haken. Das tut er, weil er eben ein Hase ist. Doch er schlägt diesen Haken ohne Sinn. Kein Fuchs jagt hinter ihm her. So wird der Haken zum bloßen Kunststück, über das sich Kinder wie der Clemens freuen. Theodor ist zum *Artisten* geworden, zum *dummen August.* Ich muss zugeben, dass mich dies alles zornig macht.

Artist: Der Autor denkt an einen Zirkusartisten, Seiltänzer …

der dumme August: Clown

Die Geschichte hat ein bitteres Ende. Der Theodor hat Auslauf, er hat einen Besitzer und eine kleine Freundin, die ihn morgens besucht. Er hat eigentlich Fürsorge genug, doch er ist zu dumm, ein lebenstüchtiger Hase zu sein. Allen Nagern wachsen die Zähne über die normale Größe hinaus, wenn sie sich nicht täglich an harten Gegenständen „verbeißen“.

Theodor hat es eine Weile getan. Er hat an den Holzstäben seines Stalles herumgebissen, richtige Kegel herausgeschnitten, bis er es vergaß. Dann begannen ihm die Vorderzähne zu wachsen, über die kleine Schnauze hinaus, wurden länger und länger. Morgen oder übermorgen gehen wir zum Tierarzt, der sie vermutlich abzwicken wird.

Schon jetzt nämlich kann Theodor kaum mehr fressen. Er ist ein nettes Spielzeug geworden und hat deshalb vergessen, dass er ein Hase ist, ein Nagetier. Jetzt können ihm nur die Menschen noch helfen. Die Menschen, die früher die Feinde der Hasen waren. Im Grunde sind sie es noch immer.

Hast du diese Geschichte vom Hasen Theodor gut verstanden? Dann wird dir die nächste Aufgabe nicht schwer fallen.

Tierbeschreibung

Thema für eine Tierbeschreibung

Beschreibe ein Zwergkaninchen (nach dieser Erzählung). Wie unterscheidet es sich von einem „normalen“ Hasen?

Gliedere deinen Aufsatz in mindestens drei Teile:

Gliederung

1. Nenne zunächst die Tierart.
2. Beschreibe die Größe, das Aussehen, die Futterarten, die Unterbringung, das Verhalten …
3. Zum Schluss kannst du kurz erklären, warum Peter Härtling das Zwergkaninchen ein „Modetier“ und einen „Modeartikel“ nennt.

Nacherzählung

1. Thema für eine Nacherzählung

Erzähle die Geschichte vom Hasen Theodor nach.
Beachte dabei die vier Abschnitte der Geschichte:

1. Kauf des Hasen
2. Der Hase bei Clemens
3. Der Hase im Stall im Garten
4. Das „bittere Ende“

Versuche zunächst eine mündliche Nacherzählung. Für das schriftliche Nacherzählen suche dir *einen* Abschnitt aus.

Besuch am Sonntagnachmittag

Bei diesem Thema kommst du mit drei Gliederungspunkten aus:

2. Thema für eine Nacherzählung

1. Dein Opa (Onkel, Nachbar ...) ist gekommen und erzählt, dass sein Hund krank ist (Zähne).
2. Darauf erzählst du anschaulich, wie der Hase Theodor erkrankte. (Du brauchst *nicht* ausführlich zu erzählen, wie der Hase gekauft worden ist.)
3. Ihr stellt fest, wie dem Hasen und wie dem Hund geholfen werden kann.

Ein Haustier für Marion

Eine Bekannte deiner Mutter erzählt, dass sie ihrer Tochter Marion ein Tier kaufen will.
Um welches Tier könnte es sich handeln? ______________________

3. Thema für eine Nacherzählung

1. Die Bekannte nennt kurz den Wunsch ihrer Tochter.
2. Du erzählst das Schicksal des Hasen Theodor (die Zeilen 1 bis 46 nur kurz, ab Zeile 47 ausführlicher).
3. Zum Schluss gibst du Ratschläge für den Kauf – oder du rätst überhaupt ab ein Tier zu kaufen.

Ein Aufsatz zu diesem Thema steht auf Seite 75/76.

Wenn du die drei Nacherzählungen von Seite 34/35 geschrieben hast, weißt du, worauf es bei dieser Aufsatzart ankommt.

- In welcher Reihenfolge werden die Ereignisse erzählt?
- Wie sollte man nacherzählen? Sachlich? Anschaulich?
- Darf man die direkte (wörtliche) Rede verwenden?
- Welche Zeiten solltest du verwenden?

Das Wichtigste in Kürze: Nacherzählung

- Lies die Geschichte, die du nacherzählen sollst, *mehrmals* durch, damit du alles gut verstehst.
- Schreibe dir die *Reihenfolge der wichtigsten Ereignisse* in Stichworten auf.
- Schreibe dann die Nacherzählung aus der Erinnerung. Mach dabei das Buch zu!
- Erzähle die Geschichte **mit eigenen Worten** nach. Verwende dabei das moderne Hochdeutsch. (Das ist ein wichtiger Hinweis für die Aufgabe auf den nächsten Seiten.)
- Die Nacherzählung soll *anschaulich* sein; das *Wesentliche* soll ausführlich nacherzählt werden.
- Du sollst auch die *direkte Rede* verwenden.
- Die **Zeitform** der Nacherzählung ist die der Textvorlage. (Wenn die Geschichte zum Beispiel in der *Vergangenheit* geschrieben ist, erzählst du in der *Vergangenheit* nach.)

JEAN DE LA FONTAINE

Der Fuchs und der Storch

G*evatter* Fuchs, der *Knauser, scheute* nicht
die Kosten, Nachbar Storch ein *Gastmahl* zu spendieren.
Das Mahl war *karg:* Als einziges Gericht
ließ klare Brühe unser Schelm *servieren* –
und diese gar in einem flachen Teller.
Der Storch mit seinem langen Schnabel sticht
umsonst hinein, doch schleckte umso schneller
der Fuchs mit breitem Maul das Ganze auf.

Um sich zu *revanchieren,*
bat kurze Zeit darauf
der Storch den Fuchs, bei ihm nun zu *soupieren.*
Der sprach: „Ich komme gern,
zu speisen bei so liebem Herrn."

Er eilte zur gegebnen Zeit
zur Storchenwohnung, pries die Liebenswürdigkeit
des Freundes, *labte* sich entzückt
am Duft des Fleisches, das zerstückt
und fein gekocht – so ganz, wie er's am liebsten mag –
zunächst noch abseits lag.
Er war mit gutem Appetit beglückt,
der Füchsen selten fehlen soll.
Doch ach, wie war das jammervoll:
Man trug das Mahl in einer engen Flasche auf!
Die *Mündung* war nicht *weiter* als ein *Büchsenlauf.*
Der Storchenschnabel tauchte leicht hinein ins Glas,
des Gastes Schnauze aber brauchte andres Maß.

Mit leerem Magen zog der *Herr* nach Haus,
mit eingekniffnem Schwanz und schlappen Ohren;
er sah beschämter als ein Füchslein aus,
dem *keck* ein Huhn den Pelz *geschoren.*

Merkt's euch, Betrüger all' auf Erden:
Auch ihr sollt so betrogen werden!

Gevatter: Freund, Nachbar
Knauser: Geizhals
scheuen: davor zurückschrecken
Gastmahl: Festessen für Gäste
karg: ärmlich
servieren: auf den Tisch bringen

sich revanchieren: etwas vergelten, sich rächen
soupieren: zu Abend essen

sich laben: genießen

die Mündung: das Loch
weiter: breiter, größer
Büchsenlauf: das Rohr des Gewehrs
Herr: gemeint ist der Fuchs

keck: dreist
geschoren: abrasiert

Wie gefällt dir die Fabel vom Fuchs und dem Storch?

Übungsaufsatz

Erzähle die Fabel „Der Fuchs und der Storch“ nach.
Die Reihenfolge der wichtigsten Ereignisse:

1. Der Fuchs lädt den Storch zum Essen ein.
Der Fuchs ist ein Geizhals.
Das Essen ist schlecht,
wird in einem flachen Teller serviert.
Der Fuchs kann alles auflecken.
Der Storch mit seinem langen Schnabel bekommt nichts.

2. Der Storch rächt sich.
Er lädt den Fuchs zum Essen ein.
Der Fuchs erfreut sich schon am Duft des Fleisches.
Er bekommt großen Appetit.
Das Essen wird in einer Flasche serviert.
Der lange Storchenschnabel passt durch den Flaschenhals.
Der Fuchs mit seiner breiten Schnauze bekommt nichts.
Er muss hungrig und beschämt nach Hause gehen.

Vorschlag für den Beginn deines Aufsatzes

Du kannst die Nacherzählung so anfangen:

Der geizige Fuchs lud seinen Nachbarn, den Storch, zu einem Abendessen ein. Es gab nur wenig zu essen. Die klare Brühe wurde auf einem flachen Teller auf den Tisch gebracht …

Verwende bei der Nacherzählung das moderne Hochdeutsch!

DA WAR ICH DABEI

Erlebtes erzählen

Ich (mein Bruder/mein Freund ...) bekomme ein Tier geschenkt

1. Thema für eine Erzählung

Holgers Aufsatz zeigt dir, wie du dieses Thema beispielhaft bearbeiten kannst.

Aufsatz zum 1. Thema

Aufsatz von Holger H.:

„Oh! Ist die süß!“ sagte Sebastian, mein Bruder. Es war sein Geburtstag und meine Eltern hatten ihm eine kleine Schildkröte mitgebracht. Er nahm sie in die Hand und betrachtete sie liebevoll von allen Seiten. „Ich werde sie Susi nennen“, sagte er und verschwand im Hausflur. Er holte eine Wanne aus dem Keller und baute für seine Susi eine Wüstenlandschaft. „Sie braucht nur Salat“, sagte mein Vater, doch meine Mutter brachte ihr an manchen Tagen auch Fleisch und Früchte.

Am nächsten Morgen wachte Sebastian früher auf als sonst und lief sofort zu seiner Schildkröte. Sie steckte ihren Kopf heraus und blickte unter dem hübsch gemusterten Panzer mit glänzenden, schwarzen Augen um sich. Sie fraß etwas und schlief ein.

Am Mittag kam Sebastian aus der Schule und hörte die kleine Schildkröte an der Wanne scharren. „Nimm sie doch heraus“, sagte meine Mutter. „Sie macht schon den ganzen Tag diesen Krach.“

Er nahm sie heraus und redete mit ihr. Sie fraß, verkroch sich unter der Heizung und schlief.

„Die tut ja gar nichts“, sagte Sebastian und war etwas enttäuscht.

„Du hast sie doch haben wollen“, antwortete der Vater.

Bald nach dem Mittagessen fuhr Sebastian zu seinem Freund Thomas. Seine Eltern haben einen großen Garten. „Nimm Susi mit“, meinte mein Vater, „damit sie mal richtiges Gras sieht.“

Sebastian nahm seine Schildkröte mit und ließ sie im Obstgarten laufen.

Er spielte mit seinem Freund Thomas Fußball. Sie hatten wohl einen Augenblick nicht richtig aufgepasst. Susi war verschwunden!
„Sie ist weg", sagte er. Eine Stunde lang suchten sie vergebens, bis es dämmerte. Da kam Sebastian wieder nach Hause. Susi blieb verschwunden.
„Im Winter wird sie erfrieren", sagte die Mutter. Das wusste Sebastian und war sehr traurig.

Übungsaufsatz

Aufgabe für eine Erzählung

Schreibe auch einen Aufsatz zu diesem Thema. Notiere zunächst in Stichworten, wie die Handlung verläuft. Bei deiner Stoffsammlung kannst du dich an den folgenden Fragen orientieren:

Leitfragen für deine Stoffsammlung

- Welches Tier wurde gewünscht?
- Wann wurde es übergeben?
- Was empfand der Beschenkte für das Tier?
- Wie sieht das Tier aus?
- Wie verhält sich das Tier?

2. Thema für eine Erzählung

Zu Besuch bei Leuten, die einen Hund haben

So könntest du den Aufsatz anfangen:

Vorschlag für den Beginn des Aufsatzes

Seit einer Woche sitzt Beate neben mir in der Klasse. Gestern hat sie mich zu sich nach Hause eingeladen, weil wir zusammen Hausaufgaben machen wollten. Als ich vor der Wohnungstür stand, hörte ich einen Hund bellen …

Es ist dir sicher gleich aufgefallen: Die einleitenden Sätze informieren den Leser über den *Ort,* die *Zeit,* die *handelnden Personen.* Außerdem erhält er Hinweise auf das Geschehen.

Stoffsammlung

Die folgenden Leitfragen sind dir bei der Fortsetzung der Geschichte nützlich:

- Was dachtest du, als du den Hund hörtest?
- Hast du Angst vor Hunden?
- Weißt du mit Hunden umzugehen?
- Wie empfing dich der Hund?
- Was geschah weiter mit dem Hund?
- Wie geht die Geschichte aus?

Carola hat die Geschichte von ihrem Besuch bei Beate weitererzählt.

Aufsatz zum 2. Thema

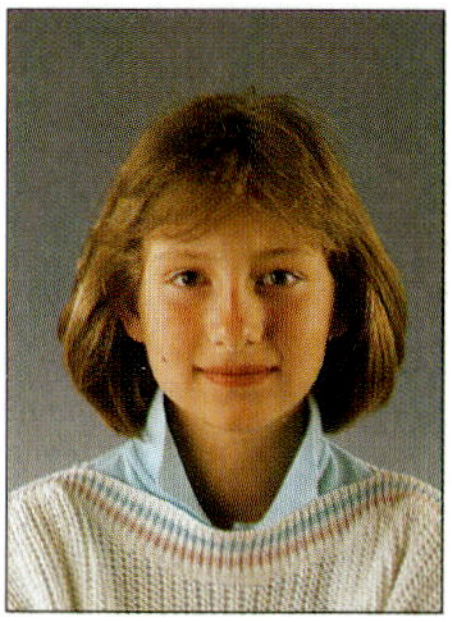

Aufsatz von Carola Sch.:

… Als Beate die Tür öffnete, sprang ein großer, schwarzer Hund auf mich los und hätte mich fast umgeworfen. Ich habe immer große Angst vor Hunden, weil ich als kleines Kind mal gebissen worden bin. Seitdem gehe ich Hunden aus dem Weg. „Hab keine Angst, Carola! Benno tut nichts!", sagte Beate zu mir und zog den Hund am Halsband zurück. Zu Benno sagte sie: „Sei lieb, Benno! Carola ist meine neue Freundin! Meine Freundin, hörst du! Sei lieb zu ihr!", „Hoffentlich versteht dieses Riesenkalb Deutsch", dachte ich.
Als wir die Treppe zu Beates Zimmer hinaufgingen, folgte uns Benno. Er schnüffelte an mir herum, was mir richtig peinlich war. Der Hund drängelte sich als erster in Beates Zimmer.

Als wir uns auf das Sofa setzten, ließ uns Benno nicht aus den Augen. Er hatte das Maul offen und ließ die Zunge heraushängen. Ich fand das Tier unheimlich und gefährlich.

Beate sagte zu mir: „Benno ist ein lieber Hund, ein Neufundländer. Wir haben ihn schon vier Jahre. Du brauchst keine Angst zu haben, Carola. Kraul ihn mal am Hals.“

„Oje“, dachte ich, „dieses Monster soll ich am Hals kraulen? Und wenn er schnappt?“ Aber ich wollte kein Feigling sein, Beate saß ja neben mir. Also kraulte ich ihn am Hals, erst vorsichtig, dann kräftiger. Das mochte der riesige Hund, er bekam nicht genug davon! An Schularbeiten war nicht zu denken.

Da saß ich nun mit meiner neuen Freundin. Der schwarze Hund hatte seinen Kopf auf meine Knie gelegt, sah mich an und ließ sich kraulen. Langsam überwand ich meine Angst vor diesem Hund.

■ Aufgabe: Vergleich der beiden Aufsätze ■

Du brauchst einen roten und einen blauen Stift!

Erzählen – das ist eine Aufsatzform, die vielen Schülerinnen und Schülern wirklich Spaß macht. Dir auch? – Holger und Carola können gut erzählen. Vergleiche die beiden Aufsätze und beantworte die Fragen.

1. Wer von den beiden beschränkt sich auf wenige Ereignisse?
Holger ❑ Carola ❑

2. Wer erzählt häufiger Gedanken und Gefühle der Personen? (Unterstreiche die entsprechenden Textstellen mit einem *roten* Stift.)
Holger ❑ Carola ❑

Lösungen auf Seite 76

3. Wer von beiden schreibt einen spannenden Aufsatz?
Holger ❑ beide ❑ Carola ❑

4. Wer beschreibt das Tier besonders anschaulich? (Unterstreiche die entsprechenden Textstellen mit einem *blauen* Stift.)
Holger ❑ beide ❑ Carola ❑

Wirkungsvolles Erzählen ist eine Kunst, die man lernen kann!

- Wie schreibt man eine gute Einleitung?
- Wie erreicht man Anschaulichkeit?
- Wie erzählt man spannend?

Das Wichtigste in Kürze: Erzählung

- Halte dich nicht zu lange mit der *Einleitung* auf! Komm sehr schnell zu den **Ereignissen,** die du erzählen willst. Beginne mit einer *anschaulichen Einzelheit*; das weckt Neugier und Interesse. (Später kannst du immer noch erklären, wer die Personen sind, was sie wollen …)

> Gestern war schlechtes Wetter, ich hatte meine Schularbeiten gemacht. Im Fernsehen gab es nichts Interessantes. Ich wusste nicht, was ich tun sollte. Ich langweilte mich schrecklich. Da fiel mir ein, dass ich mit Lisa telefonieren könnte: „Hallo! Lisa!" …

- Erzähle in deinem Aufsatz nicht zu viele Ereignisse! Viel interessanter ist, wenn du wenige Ereignisse *ausführlich, anschaulich* und vielleicht auch *spannend* erzählst.

- Beim Erzählen solltest du in die handelnden Personen „hineinsehen". Was denken sie? Was fühlen sie? Erwähne das! Dein Aufsatz wird dadurch *lebendiger.*

- **Spannung** entsteht, wenn der Leser/Zuhörer unbedingt wissen will, wie die Geschichte endet. Der Erzähler muss den Leser/Zuhörer *neugierig machen,* ihm zum Beispiel eine gefährliche Situation beschreiben, die gut oder schlecht ausgehen kann.

> Carola hat Angst vor Hunden; Benno ist groß, springt sie an, hat das Maul offen; sie soll den Hund kraulen … Wird er zubeißen – oder friedlich bleiben?

Übungsaufsatz

Hast du schon einmal davon gehört, dass jemand zufällig einen Schatz gefunden hat? Zum Beispiel im Wald unter einem alten Baum, in einer Höhle, in einer Burgruine, zwischen dem Gerümpel auf dem Dachboden oder im Keller. – In der Zeitung kannst du manchmal darüber lesen.

Altrömischer Münzenfund in Trier

Trier, 19.9.

Einen altrömischen Münzenschatz im geschätzten Sammlerwert von etwa fünf Millionen DM hat ein Baggerfahrer auf einer Baustelle in der Trierer Innenstadt freigelegt. Der Schatz stammt aus der Zeit des römischen Kaisers Nero (37 bis 68 nach Christus). Er hat die Jahrhunderte in einem Kupfergefäß im Trierer Erdboden überdauert. Die 2000 Goldstücke (Aurei) sind noch immer spiegelblank.

Königlicher Brief steckte im Polster

Wien, 17.11.

Ein Brief der französischen Königin Marie-Antoinette ist bei einer Verkaufsausstellung von antiken Möbeln in Wien in einem alten Sessel gefunden worden. Der Brief wurde am 31. Januar 1787 im Schloss von Versailles geschrieben. Ein Kaufinteressent hat ihn gefunden, als er das Polster des Sessels abklopfte.

Wir finden einen Schatz

Thema für eine Erzählung

Stell dir vor, du spielst mit deinem Freund/deiner Freundin auf dem Dachboden eines alten Hauses/im Keller mit Gerümpel/in einem Schuppen … und ihr findet einen „Schatz".
Überlege gut, **was** du erzählen möchtest, bevor du zu schreiben beginnst.

Stoffsammlung

Was könnte es sein? *Münzen, Briefmarken,* ______________________

____

Mit wem spielst du? ______________________

____

Wo spielt ihr? ______________________

____

Wie werdet ihr aufmerksam? ______________________

____

____

Wie holt ihr den Schatz hervor? ______________________

____

____

Was tut ihr mit dem Schatz? ______________________

____

____

Schreibe den Aufsatz in dein Heft. Achte darauf, dass du schon in der Einleitung die *Neugier des Lesers* weckst. Beginne deine Erzählung mitten im Spiel, zum Beispiel mit direkter Rede.

Auch die Schülerin Anja hat zu dem Thema „Wir finden einen Schatz“ einen Aufsatz geschrieben.

Aufsatz von Anja H.:

„Mein Gott, ist das ein Gerümpel hier oben!“ Es war der 4. November. Meine Freundin Yvonne und ich hatten uns verabredet. Da es am Nachmittag anfing zu regnen, schlug ich vor auf unserem Dachboden zu stöbern.

Jetzt waren wir hier oben und wussten nicht, wo wir anfangen sollten. Überall standen Koffer und Kisten herum. Yvonne fand alte Puppen von meiner Mutter und ein paar alte Fotos. Ich fand verstaubte Bücher. Aber was blinkte neben dem Dachfenster hinter einem Berg von Koffern? Ich rief Yvonne zu mir und zeigte ihr meinen Fund. Wir versuchten erst einmal den Berg von Koffern zu entfernen, was uns schwerfiel.

„Was mag das sein? Wirklich ein großer Schatz? Etwas aus Gold?“ – Und was kam zum Vorschein? Ein alter Kerzenleuchter aus Messing! Ich hob ihn hoch, drehte ihn um und sah unten eine Gravur: „In Liebe von Karl für Irma – 14. 1. 1935“. Er gehörte meinen Großeltern, 1935 hatten sie geheiratet.

Ich machte noch eine andere Entdeckung. Der Kerzenständer war in der Mitte teilbar. Yvonne versuchte, ihn auseinander zu schrauben. Doch er war verklemmt. Nach einigen Versuchen gelang es ihr. Was mochte in dem Leuchter sein? – Heraus fielen einige Briefe.

Wir lasen sie durch. Dabei wurde uns klar, dass wir doch noch einen Schatz gefunden hatten. Die Briefe waren aus dem Zweiten Weltkrieg. Mein Opa hatte sie geschrieben. Manchmal kamen einige kritische Worte gegen Hitler darin vor. Deshalb waren sie wohl versteckt worden.

Am nächsten Tag brachten Yvonne und ich den Leuchter und die Briefe meinen Großeltern. Sie freuten sich außerordentlich und zur Belohnung bekamen wir ein Stück Torte, die Oma selbst gebacken hatte.

Wie gefällt dir der Aufsatz?

Fragen zu Anjas Aufsatz

MacCool hat recht, Anjas Erzählung ist wirklich gut. Sie hält sich nicht lange mit der Einleitung auf und findet wirklich einen „Schatz“. Der Aufsatz ist sogar spannend.

Anja verwendet viele Fragen.

❶ Was erreicht sie damit? ________________________________

____

Anjas Aufsatz, wie er auf der Nebenseite abgedruckt ist, ist die verbesserte Fassung. Ursprünglich hatte sie einige Formulierungen gebraucht, die nicht so passend waren:

❷ Zeile: 7/8: *Überall standen Koffer und Kisten herum.* ***Wir liefen in alle Ecken ...***

Der zweite Satz wurde gestrichen. Warum? ____________________

____

❸ Zeile 9: *Ich fand* ***alte Bücher.***

Warum ist „verstaubte Bücher“ der bessere Ausdruck? __________

____

❹ Zeile 9/10: *Aber was* ***blinzelte*** *denn da hinter einem Berg von Koffern?*

Warum ist „blinzeln“ das falsche Wort? ____________________

____

❺ Warum ist es gut das Dachfenster zu erwähnen? ______________

____

❻ Zeile 14: *Ein alter Kerzenleuchter ...*

Warum ist es besser zu schreiben: „Ein alter Kerzenleuchter aus Messing“? ________________________________

____

Lösungen auf Seite 76

Die Phantasiegeschichte

Der Arzt Heinrich Hoffmann (1809–1894) hat den „Struwwelpeter" geschrieben und selbst illustriert. Das Buch wurde weltberühmt.

Erinnerst du dich noch an den „Struwwelpeter"?
Der Schriftsteller Eugen Oker hat aus dem Kapitel „Die Geschichte vom fliegenden Robert" eine moderne Erzählung gemacht, die dir bestimmt gefallen wird. Doch hier zunächst der Originaltext:

Die Geschichte vom fliegenden Robert

Wenn der Regen niederbraust,
Wenn der Sturm das Feld durchsaust,
Bleiben Mädchen oder Buben
Hübsch daheim in ihren Stuben. –
Robert aber dachte: Nein!
Das muss draußen herrlich sein! –
Und im Felde patschet er
Mit dem Regenschirm umher.

Hui, wie pfeift der Sturm und keucht,
Dass der Baum sich niederbeugt!
Seht! den Schirm erfasst der Wind,
Und der Robert fliegt geschwind
Durch die Luft so hoch, so weit;
Niemand hört ihn, wenn er schreit.
An die Wolken stößt er schon,
Und der Hut fliegt auch davon.

Schirm und Robert fliegen dort
Durch die Wolken immerfort.
Und der Hut fliegt weit voran,
Stößt zuletzt am Himmel an.
Wo der Wind sie hingetragen,
Ja! das weiß kein Mensch zu sagen.

Eugen Oker

Die Geschichte vom fliegenden Robert

[…] Robert war nicht wenig erschrocken, als er so plötzlich vom Boden abhob. Fest klammerte er sich an die Stange des Regenschirms, der Regen rauschte an ihm vorbei und der Wind blies gewaltig. […]

Der erste Schreck verging, die Angst ließ nach und er wagte einen ersten zaghaften Blick hinab. Eben überholte er eine Kutsche, die vierspännig durch die Pfützen einer Landstraße rumpelte; er konnte gerade noch das Fluchen des Kutschers vernehmen. Eigentlich reise ich gar nicht so unbequem, dachte Robert, man kommt ganz ordentlich voran und es kostet nichts. Dann sah er zurück, aber der Regenvorhang war undurchdringlich. Robert wunderte sich, dass er kein bißchen traurig war. Schließlich war das da hinten seine Heimat. Aber er sehnte sich gar nicht zurück. Im Gegenteil: Ein seltsames Glücksgefühl breitete sich in ihm aus, das noch zunahm, als eine Bö den Schirm steil nach oben trieb. Hatte er Angst vor Strafe, weil er ungehorsam war? Vor Eckenstehen, *Holzscheitknien*? Vor den Hieben des Vaters, wenn er vom Büro zurückkam? […]

Holzscheitknien: Strafe (das Knien auf Holzstücken tut besonders weh)

Plötzlich sah er seinen Hut. Er flog in gleichem Abstand vor ihm her. Hut! sagte Robert. Eigentlich war er ihm ja egal. Er brauchte ihn nicht. Er mochte ihn nicht. Er hatte ihn nur aufgesetzt, weil man es ihm befahl. Setz deinen Hut auf! hieß es immer. Wehe, wenn er ohne ihn heimkam. Deshalb wohl hatte er ihm gerufen. Aber siehe da: Der Hut stand still und er glitt auf ihn zu. Da, schon war er bei ihm und er griff ihn sich. In diesem Augenblick wurde ihm bewusst, dass gar kein Wind mehr wehte. Den Hut in der Hand, hing er samt Regenschirm reglos über der weißen Wolkenpracht und eine große Stille herrschte. Wieder überfiel Robert Angst. Verdammter Hut! rief er und stieß ihn von sich. Der Hut flog vor ihm her – und er folgte ihm auf Griffweite. Er langte nach ihm und nahm ihn bei der *Krempe:* Die Fahrt verlangsamte sich. Er drehte den Hut beiläufig nach links: Hut und Schirm nebst Robert beschrieben eine Linkskurve. Verblüfft drehte Robert den Hut nach rechts: Der Linkskurve folgte eine nach rechts. Er stieß den Hut nach oben: Er stieg, Schirm und Robert folgten. Robert versuchte andere Manöver und bald wusste er, dass der verhasste Hut sein Antrieb war. Nach kurzer Zeit handhabte er ihn *virtuos:* Scharf stieß er ihn steil abwärts – ein atemberaubender Sturz folgte, den Robert voll

Krempe: der breite Rand des Hutes

virtuos: sehr geschickt, wie ein Könner

auskostete, brauchte er den Hut doch bloß drehen, schwenken oder kippen um aus dem Wolkendunst in kecken Schwüngen wieder ins sonnenüberglänzte *Firmament* emporzustoßen!

Firmament: das Himmelsgewölbe

Das Spiel beschäftigte Robert lang. Plötzlich verspürte er Hunger und er wusste, dass er irgendwann wieder hinab musste, denn hier oben würde er wohl kaum was zu futtern finden. […]

[Er] stieß den Hut steil nach unten und fuhr hinter ihm her. Als er die unterste Wolkenschicht durchstieß, fuhr ihm der Schreck ins Herz: Er fiel mit der Geschwindigkeit eines fallenden Steins auf eine Stadt zu. Hut! rief er, packte mit beiden Händen seine Krempe und zog ihn auf sich zu. Im Nu hing er reglos in der Luft und starrte hinab. Im diesigen Licht des späten Nachmittags sah er zunächst ganz Normales: Häuser waren da, von Straßen getrennt, Bäume wuchsen in Gärten und auf Plätzen, Wiesen und Äcker breiteten sich draußen aus, Wälder gab es. Nanu? Da fuhren aber viele Kutschen auf den Straßen. Eine hinter der anderen. Kutschen? Zu Kutschen gehören Pferde; aber da waren keine Pferde – und doch fuhren sie! Und Kutschen sehen ganz anders aus. Die hier sahen aus wie – Käfer! Wie riesige Käfer. Ihre glatten Rücken spiegelten den Tagesdämmer und sie glitten summend dahin, als würden intelligente Wesen sie steuern. Es gab zwei Ströme von diesen Käferkutschen: solche, die in die Stadt hinein und solche, die aus ihr heraus *trachteten.* Und die glitten haarscharf aneinander vorbei. Lange hing Robert über der Stadt. Der Tag neigte sich. Die Nacht brach herein.

trachten: streben

Da! Flip – flip – plötzlich durchzogen Perlenketten von Lichtern die Stadt. Die Käfer antworteten. Vorne strahlten sie gebündelte Helligkeit ab. Der Himmel wurde schwarz. Vor Robert zeichnete sich das phantastische Lichtmuster einer nächtlichen Stadt ab. Vom Licht wirst du nicht satt, dachte Robert und er packte seinen Hut mit beiden Händen, schob ihn vorsichtig nach vorn, drehte sanft und schwebte in einer eleganten Kurve auf den Marktplatz der Stadt ein.

Daniel langweilte sich. Wenn es dunkel wurde, mussten seine Freunde immer nach Hause. Er schaukelte auf einer der überschweren Gusseisenketten, die sich von Steinpfosten zu Steinpfosten um das Denkmal auf dem Marktplatz

von Karlsburg schwangen. Plötzlich blieb ihm der Mund offen: Ganz langsam und *gemächlich* kam da ein Junge, an einem Regenschirm hängend, herabgeschwebt und landet keine fünf Schritt direkt vor ihm.

gemächlich: langsam

Mensch! sagte Daniel.
Guten Abend, sagte der Junge höflich.
Brich dir keine Verzierung ab, sagte Daniel, wo kommst du denn her?
Von da oben, sagte der Junge.
Vom Denkmal herunter? meinte Daniel. Gib her den Schirm, das muss ich auch mal versuchen! Aber der Junge hatte seinen Schirm bereits zugeklappt und schloss abwehrend fest seine Arme um ihn.
Keine Angst, sagte Daniel gutmütig, ich nehme dir deinen alten Dingens schon nicht weg. [...]
[Er] stand auf, haute dem Jungen freundschaftlich auf die Schulter: Komm mit!

Sie überquerten den Marktplatz. Schnell und kundig schlüpfte Daniel durch die Lücken zwischen jenen seltsamen Kutschen, die Robert schon von oben gesehen hatte und die jetzt dicht gedrängt, eine neben der anderen, den Marktplatz füllten. Dieser war hell erleuchtet vom Licht seltsamer Laternen: lange Fühler, die sich nach oben schwangen und am Ende leuchteten wie weiß glühende Stäbe. Ähnliches Licht erhellte große Räume hinter riesigen Fenstern mit unzähligen Dingen von nie gesehener Art, doch war kein Mensch zu erblicken, der sich ihrer bedient hätte. In den Straßen, die sie durcheilten, erschrak Robert vor jedem Fahrzeug, das, Lichtbündel vor sich herschleudernd, gefährlich brummend und in ihm unfassbarer Geschwindigkeit durch die Stadt jagte.

Daniel hielt vor einer Haustür an, holte einen winzigen Metallgegenstand aus der Tasche und schloss lautlos auf. Im Flur drückte er auf einen Knopf in der Wand und sofort wurde es hell. Ein anderer Knopf, den er drückte, glühte rot auf. Ein Stück Wand schob sich surrend beiseite und gab das leere Innere eines Schrankes frei. Ohne zu zögern, ging Daniel hinein und zog den sich sträubenden Robert mit sich. Wieder drückte Daniel auf einen Knopf: Die Tür schloss sich. Gefangen! schrie es in Robert; er war starr vor Entsetzen, wagte aber keine Bewegung, keinen Laut. Der Kasten surrte, Robert hatte das seltsame Gefühl von Hochgehobenwerden, während er doch völlig still stand. Dann öffnete sich die Falle ohne jedes Hinzutun. Draußen war wieder der Flur mit der Tür. Daniel ging zu ihr und sperrte sie auf, aber statt der erwarteten Straße war ein anderer Flur mit weiteren Türen dahinter. Wieder Knopfdrücken, Helligkeit: Das ist ein Knopfland! dachte Robert.

Daniel führte ihn in einen weißen Raum. Alles war weiß: die Wände, die Möbel. Möbel? Was sollten diese weißen, glatten Kisten wohl sonst sein!

Quader: rechteckiger Kasten

Daniel ging zu einer und zog an einem Griff. Die schwere Tür öffnete sich mit einem Seufzen. Drinnen standen bunte Dosen und Beutel. Daniel holte etliche heraus. Aus einem anderen *Quader* nahm er Schüssel, Löffel, eine Schere. Er schnitt die Ecke eines Beutels ab und goß etwas Weißes in die Schüssel. Milch? Eine andere Tüte riss er einfach auf und schüttete trocken raschelnde Bröckchen nach. [...]

Sie aßen; Robert fand das Zeug köstlich. Gern ließ er sich noch eine Portion zubereiten. Während er sie verdrückte, geschahen weitere Wunder. Daniel hielt eine deckellose Dose an einen aus der Wand ragenden kurzen Arm. Der surrte, packte die Dose, die drehte sich hurtig – und der Deckel sprang ab. Daniel teilte den Inhalt, eine trübe rote Soße, und goss Milch aus dem Beutel drüber. Feste rühren! sagte er. Der Inhalt verwandelte sich in Sekunden zu einem herrlichen Pudding. Genussvoll aß ihn Robert: Erdbeerpudding, seine Leibspeise! Aber bei ihm zu Haus gab es ihn halt nur einmal im Jahr, dann, wenn die Erdbeeren reif waren.

War er in ein Wunderland geraten, in eine Zauberstadt? Offenbar: Daniel ging mit Robert in ein anderes Zimmer. Dort stand ein hässlicher Kasten mit einer grau schimmernden, leicht gewölbten Mattglasscheibe. Natürlich waren auch an ihm Knöpfe. Daniel drückte einen. Dann setzten sie sich in seltsam niedrige Sessel, in denen man mehr lag als saß. Die graue Scheibe wurde plötzlich durchsichtig: ein Fenster! Hinter ihm saß ein Mann. Er redete und sah dabei Robert direkt ins Gesicht. [...]

Schleppgewänder: Kleider mit Schleppe

Schon wieder Nachrichten! sagte Daniel enttäuscht und drückte einen anderen Knopf. Wie durch Hexerei verschwand der Mann sofort und an seiner Stelle sah man in einer trostlosen Landschaft in einem kreisrunden Lichterschein einen Mann und eine Frau in langen *Schleppgewändern* stehen und singen. Robert vermochte keine Melodie zu erkennen und Daniel drückte mit der Bemerkung: Opernquatsch! einen dritten Knopf und schrie begeistert: Fußball! Durch das Fenster sah man auf eine große Wiese, auf der Männer hin und her liefen. Seltsamerweise waren sie wie kleine Buben gekleidet; denn sie trugen allesamt kurze Hosen. Die einen waren ganz in Rot, die anderen trugen gestreifte Gefängniskleidung: Weiß-Blau. Es hatte den Anschein, als würden die meisten gern Ball spielen, aber bevor ihn jemand nehmen konnte, stießen ihn andere mit dem Fuß weg. [...]

Roberts Interesse erlahmte schnell und so kam er zum ersten Mal seit seiner Landung zum Denken. Alles, was er seitdem erlebt hatte, war so fabelhaft, dass es für ihn keinen Zweifel geben konnte: Er war in ein Märchen versetzt worden. Freilich in kein altes, wie sie die Großmütter gerne erzählten, sondern eher in eine Art Zukunftsmärchen. Was würde er wohl noch alles erleben?

Übungsaufsätze

Nacherzählung

Erzähle die „Geschichte vom fliegenden Robert“ nach – ab der Stelle, wo Robert über der Stadt schwebt. Bei der Nacherzählung kannst du dich auf folgende Stoffsammlung stützen.

Thema für eine Nacherzählung

Welche Einzelheiten kamen Robert sehr merkwürdig vor?

Stoffsammlung

Zeile 52: Kutschen ohne Pferde

Zeile 60: ______

Zeile 86: ______

Zeile 88: ______

Zeile 92: ______

Zeile 94: ______

Zeile 95: ______

Zeile 98: ______

Zeile 108: ______

Zeile 114: ______

Zeile 117: ______

Zeile 125: ______

Zeile 137: ______

Lösungen auf Seite 77

Eine Reise in die Vergangenheit

Richtig! Mit einer Zeitmaschine kannst du dich in die Vergangenheit oder in die Zukunft versetzen.

Welche Zeit oder welche geschichtliche Person interessiert dich besonders?
Hier einige Beispiele:

Steinzeit **Indianer** **Cleopatra** **Ritter auf der Burg**

Dinosaurier **Römerzeit**

Troja

Bau der Pyramiden

1. Thema für eine Phantasieerzählung

Versetze dich mit der Zeitmaschine in die Vergangenheit. Erzähle eine phantastische Geschichte, in der allerhand Seltsames und Überraschendes passiert.
Beantworte erst die folgenden Fragen, bevor du mit deiner Erzählung beginnst.

Stoffsammlung

? Wie könnte die Zeitmaschine funktionieren?

? Was erlebst du während deiner „Zeitreise"?

? Was fühlst du in der Zeitmaschine: Aufregung? Freudiges Erwarten?

? Machst du die „Zeitreise" allein? Nimmst du andere Personen mit?

? In welche Epoche lässt du dich mit der Zeitmaschine versetzen?

? Was erwartest du von deiner Zeitreise?

Auch die Schülerin Corinna hat zu diesem Thema eine Geschichte geschrieben.

Aufsatz von Corinna N.:

Es kostete mich einige Überwindung in die enge Zeitmaschine einzusteigen. Sie sah so ähnlich wie ein Ufo aus. Hoffentlich würde nichts schief gehen. Würde ich die Leute in der Vergangenheit überhaupt verstehen? Ich betätigte vorsichtig den Hebel, mit dem man die Zeit einstellen konnte, und stellte ihn auf … Tja, das möchtet ihr wohl gerne wissen, doch das wird noch nicht verraten.

Auf einmal verspürte ich ein merkwürdiges Sausen und sah grelle Blitze. Nach ein paar Augenblicken war aber alles schon vorbei.

Ich guckte gespannt durch die Luken meiner Zeitmaschine. Wirklich, ich war da.

Vorsichtig stieg ich aus. Ich fand mich am Rand eines kleinen Ortes wieder. Die grauen Lehmhäuser hatten flache Dächer und die Leute waren in wallende Gewänder gekleidet. Alle guckten mich misstrauisch an, als ich die staubigen Straßen entlangging.

Vor Aufregung hatte ich Stunden vor dem Start mit der Zeitmaschine nichts mehr gegessen. Daher war ich froh, als ich ein Gasthaus sah. Ich setzte mich an einen Tisch und sagte zum Kellner: „Pommes mit Majo, bitte.“ Er sah mich an, als wenn ich ein Außerirdischer wäre. Hatte er mich überhaupt verstanden?

„Bringen Sie mir ein Fladenbrot!“ Das hatte er verstanden und brachte es mir.

Als ich das Fladenbrot aß, sah ich plötzlich, wie ein alter Mann auf der Straße stürzte und sich vor Schmerzen das Bein hielt. Schnell versammelten sich viele Leute um ihn. Ich drängelte mich durch die Menge und beobachtete, wie ein junger Mann mit langen Haaren und Dreitagebart sich über ihn beugte und die Hände auf das gebrochene Bein legte. Ich rief entsetzt: „Was machen Sie denn da? Ein Arzt muss her, schnell! Sie können dem Mann doch nicht helfen!“

Da blickte mich der junge Mann freundlich an und sagte mit seiner milden Stimme: „Erkennst du mich nicht? Ich bin … Jesus!“

Wenn ich das gewusst hätte! Ich bereute sofort, dass ich ihn beschimpft hatte. Alle Augen richteten sich auf mich. Einige Jünger murmelten: „Guckt euch die an, die kennt noch nicht einmal den Messias.“ Ich sah mich mit einem verlegenen Lächeln um, brachte ein kaum hörbares „Tschüs“ heraus und rannte, so schnell ich konnte, zu meiner Zeitmaschine zurück. „O Gott, ich habe Jesus beleidigt! Hoffentlich schreiben sie das nicht ins Neue Testament!“

Wie findest du den Aufsatz?

Keine Frage – MacCool hat recht! Wir werden an einigen Stellen die ursprüngliche mit der verbesserten Fassung vergleichen. Beantworte die folgenden Fragen.

▪ Fragen zu Corinnas Aufsatz ▪

Schreibe die Antworten in dein Übungsheft.

1. Zeile 13: ***Langsam** stieg ich aus …*
   Warum passt das Wort „Vorsichtig …“ besser?

2. Zeile 14: *Ich schaute mich erst einmal um. Es sah alles ein bisschen merkwürdig aus.*
   Warum war es richtig, dass Corinna diese beiden Sätze gestrichen hat?

3. Zeile 14: ***Die Häuser** hatten flache Dächer.*
   Warum hat sie verbessert: „Die grauen Lehmhäuser hatten flache Dächer.“?

Verbesserungen an Corinnas Aufsatz

4. Zeile 15/16: *Alle guckten mich **ein bisschen komisch** an.*
   Warum ist es besser zu schreiben: „Alle guckten mich misstrauisch an.“?

5. Zeile 39: Ursprünglich lautete der Schluss von Corinnas Aufsatz so:
   Schnell stellte ich den Zeithebel auf das 20. Jahrhundert und schwupps war ich wieder zu Hause. „Das war ein Erlebnis“, dachte ich.
   Warum war es richtig diesen Schluss zu streichen?

Lösungen auf Seite 77

Aufgabe

Warum ist Corinnas Aufsatz sehr gut?

Die Erzählung von Corinna – in ihrer verbesserten Fassung – ist sehr gut! – Prüfen wir doch, woran das liegt.

Die **Einleitung** von Corinnas Aufsatz ist nicht zu lang!
Gib die Zeilenzahl an: ______________________________

Corinnas Aufsatz hat einen deutlichen **Höhepunkt!**
Gib die Zeilenzahl an: ______________________________

Du brauchst einen roten Stift!

Corinna teilt uns an vielen Stellen **ihre Gefühle und ihre Gedanken** mit. Unterstreiche die Stellen im Aufsatz mit *Rotstift* und gib die Zeilenzahlen an (es sind *elf* Stellen): ______________________________

____

Corinna sorgt für **Spannung!**
Gib die Zeilenzahlen an: ______________________________

Corinna kann **anschaulich** beschreiben!
Wie beschreibt sie

a) die Zeitmaschine? ______________________________

____

b) die Blitze? ______________________________

c) die Lehmhäuser? ______________________________

____

d) den jungen Mann? ______________________________

____

Lösungen auf Seite 77

Findest du noch andere Gründe, warum der Aufsatz von Corinna sehr gut gelungen ist?

Mit der Zeitmaschine kannst du natürlich auch in die Zukunft reisen. Stell dir das vor! Wie wird die Welt aussehen, wenn du 20 Jahre alt bist – oder 80 Jahre? Wie wird man leben, wohnen, essen, arbeiten? Stell dir mal vor, wie *du selbst* sein wirst! Was wirst du tun? Welchen Beruf wirst du haben …?

2. Thema für eine Phantasieerzählung

Mit der Zeitmaschine in die Zukunft

Stoffsammlung

In welches Jahr willst du reisen? ______________________________

Wo willst du „landen"?

____

____

Schreibe auf, was in der Zukunft anders sein wird als heute. Unterstreiche die Einzelheiten, die du *anschaulich* und *ausführlich* beschreiben willst.

____

____

____

____

____

____

____

____

____

Szene aus dem Film „Die Zeitmaschine": Der Erfinder George reist ins Jahr 802 701.

Einen guten Aufsatz zu diesem Thema findest du im Lösungsteil auf Seite 78.

DAS IST WIRKLICH SO PASSIERT!

Der Bericht

Bettina von Arnim

Reise mit der Postkutsche nach Weimar

Bettina von Arnim (1785–1859) war die Schwester des Dichters Clemens Brentano und die Frau des Dichters Achim von Arnim. Im folgenden Brief beschreibt sie ihre Reise nach Weimar zu Goethe, dem berühmtesten deutschen Dichter.
Die Reise fand 1825 statt.

[...] Es war Ende November inmitten der zwanziger Jahre. Da reiste ich von Frankfurt aus mit meiner Kammerjungfer zu Goethe. Gott, war das ein weiter Weg vom Maine bis nach Weimar. Es ging nicht vom Flecke in dem elenden Postkarren, überall wimmelte es von Räubern und überall wurde man aufgehalten: bald durch ein Loch in der Straße, bald durch niedergebrochene Baumstämme, bald durch ein gefallenes Pferd oder einen davongelaufenen *Postillion*. Bis nach Hanau ging es noch; gleich dahinter aber fing das Unglück an.

Postillion: Postkutscher

Obwohl die Nacht bereits hereinbrach, waren wir doch schon an einigen Wirtshäusern der Straße vorbeigefahren; denn diese Wirtshäuser sind die reinen *Fangnester*, in denen die Reisenden tüchtig ausgeplündert werden. – Da aber blieben wir in einem Loche stecken und nun mussten wir doch aussteigen und Quartier suchen. – Händeringend trat der Wirt an den Wagen heran und drückte mit süßsaurer Miene sein Beileid aus.

Fangnest: Räuberhöhle

„Oh", sagte er, „ich habe schon den Schmied und den *Stellmacher* bestellt, die werden den Schaden bis morgen früh schon ausgebessert haben, da könnt Ihr ruhig schlafen in meinen Betten."

Stellmacher: Er baut und repariert Wagen

„Den Schmied und den Stellmacher?" fragte ich erschrocken. „Ist denn was passiert mit dem Wagen?"

Weil der Wirt nur „jo" und „ja" machte und nichts Ordentliches herausbrachte, stand ich auf um selbst nachzusehen.

Als das geschehen war, schob ich die beiden Handwerker zur Seite und sagte: „Da ist nichts zu verdienen, ihr Leute, der Wagen ist noch ganz und wenn der Mond aufgegangen ist, geht's weiter!"
Der Wirt redete ab, es seien Räuber in dem nahen Walde und auch der Postknecht schien der Sache nicht zu trauen. So wurde denn der Wagen in den Hof gebracht, wir bestellten uns ein Abendbrot und machten's uns bequem.
Plötzlich trieb's mich hinaus an den Wagen und ich fand zu meinem Entsetzen den Wirt, wie er beim Scheine eines *Windlichtes* mein Gepäck untersuchte. Er erschrak, als er mich sah, und als ich sagte: „Nein, nein, guter Freund, wenn ich hier schon unter die Räuber gefallen sein soll, dann fahre ich alsbald weiter", da wusste er nichts zu entgegnen.
Kaum eine Viertelstunde später saßen wir wieder in unserem Wagen und nun ging es bergauf und bergab, es krachte, seufzte, pfiff und ächzte in den Achsen und die Pferde keuchten, dass es eine Art hatte.
Endlich gelangten wir in eine Ebene und der Mond ging auf; das war wie eine Erlösung. Die Pferde fielen in einen leichten Trab und alles schien gut zu gehen.
Da aber tat sich ein Wald auf, die Wege wurden grundlos und plötzlich stand unser Wagen still. „Was ist denn los, *Schwager*?" fragte meine Kammerjungfer.
„Mein *Handgaul* ist gefallen!"
„So lassen Sie ihn wieder aufstehen!"
„Der hat's Aufstehen vergessen für immer!"
„So setzen Sie sich auf den andern und holen Sie von der nächsten Station ein neues Pferd!"
„Da geht der auch noch kaputt; er ist schon jetzt *marode* bis auf die Knochen."
„Ja, was soll denn aber werden?"
„Ich gehe die anderthalb Meilen zu Fuß und hole Ersatz. Sie müssen zusehen, wie Sie die Zeit am besten verbringen!"
Alsbald schob er davon und ließ uns allein.
Es war gerade zwei Stunden nach Mitternacht, als wir zwei Frauen mitten in einem großen, unheimlichen Walde mutterseelenallein gelassen wurden.
Obwohl wir alle Kraft zusammennahmen, sahen wir von allen Seiten Gespenster auf uns eindringen und plötzlich begann sogar ein Lärmen, als ob alle Teufel los seien. Aber es waren keine Teufel, sondern eine Schnellpost, die in großer Eile auf uns zugefahren kam.
Man hätte uns am liebsten mitgenommen, musste uns aber zurücklassen, weil kein Plätzchen mehr frei war.
So blieben wir denn abermals in der großen Einsamkeit allein und waren dennoch froh, dass uns weiter nichts Ernstliches passierte.
Der Morgen dämmerte schon herauf, als endlich neue Pferde kamen. Fröhlich ging's weiter, wie viel wir aber noch bis Weimar erlebt haben, das will ich lieber verschweigen und für mich behalten.

Windlicht: Kerze in einem Glaszylinder

Schwager: Postillion

Handgaul: das rechts an der Deichsel angespannte Pferd

marode: erschöpft

Bettina von Arnim hat eine sehr lebhafte und anschauliche Erzählung ihrer Fahrt mit der Postkutsche geschrieben. Meinst du nicht auch? So kann sich der Leser von heute eine Vorstellung davon machen, wie abenteuerlich damals das Reisen war.
Wenn du den Text aufmerksam gelesen hast, ist dir nicht entgangen, welche Gefahren so eine Kutschenfahrt mit sich brachte.

Ein Unfall mit der Kutsche

Thema für eine Bildbeschreibung

Die Abbildung unten, die übrigens 1910 gedruckt wurde, zeigt eine Situation, wie sie zur Zeit Bettina von Arnims sicher häufiger vorgekommen ist.
Beschreibe das Bild und versuche dabei die angegebenen Fragen möglichst genau zu beantworten.

- ❓ Was ist passiert?
- ❓ Wer sind die Personen?
- ❓ Wie drückt der Zeichner ihre Gefühle aus?

Bettina von Arnims Reise

Berichte von der Reise, die Bettina von Arnim von Frankfurt am Main nach Weimar unternommen hat.
Wie du weißt, beginnst du mit der Stoffsammlung und der Gliederung. Notiere in Stichworten, was der Bericht enthalten sollte.

Thema für einen Bericht

In welchen Etappen verlief die Reise?

1. Etappe: ____________________

2. Etappe: ____________________

3. Etappe: ____________________

Stoffsammlung

Welche Schwierigkeiten sind aufgetreten?

a) Postkutsche: ____________________

____

____

b) Straßenverhältnisse: ____________________

____

____

c) Pferde: ____________________

____

d) Gasthäuser: ____________________

____

e) Räuber: ____________________

____

Lösungen auf Seite 79

Du kannst deinen Bericht so beginnen:

Bettina von Arnim reiste vor etwa 170 Jahren von Frankfurt nach Weimar. Das sind ungefähr 240 Kilometer.

Auch der Schüler Markus K. hat einen Bericht über Bettina von Arnims Reise mit der Postkutsche geschrieben.

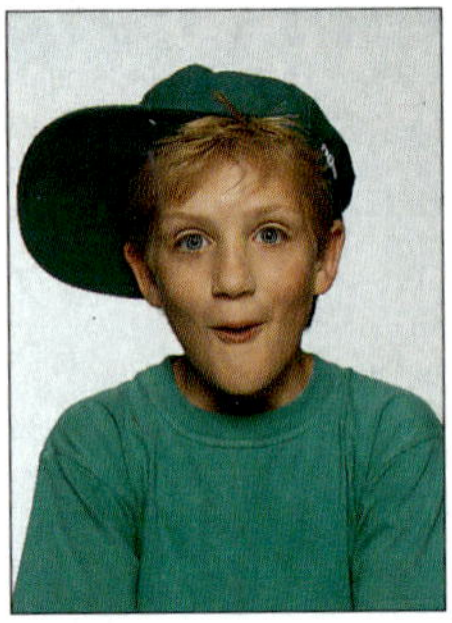

Aufsatz von Markus K.:

Bettina von Arnim reiste vor etwa 170 Jahren von Frankfurt nach Weimar. Das sind ungefähr 240 Kilometer.

Die erste Etappe ging von Frankfurt am Main bis zu einem Gasthaus. Hier musste sie ihre Reise unterbrechen, weil die Wege sehr schlecht waren und die Postkutsche in einem Loch stecken geblieben war. Der Wirt ließ sofort den Schmied und den Stellmacher kommen, obwohl der Wagen überhaupt nicht beschädigt war. Bettina überraschte den Wirt, als er ihr Gepäck untersuchte. Sie verstand sofort, dass der Wirt sie bestehlen wollte, und reiste weiter.

Die zweite Wegstrecke reichte vom Wirtshaus bis in einen großen Wald. Zunächst verlief die Fahrt ohne Zwischenfälle, trotz der schlechten Wege. Doch plötzlich hielt die Postkutsche an, weil eines der Pferde zusammengebrochen war. Der Postkutscher musste von der nächsten Poststation ein neues Pferd holen und ließ Bettina mit ihrer Kammerjungfer im Wald allein zurück. Eine Schnellpost kam vorbei und hätte die beiden Frauen mitgenommen, aber alle Plätze waren besetzt. Am Morgen kam der Postkutscher endlich mit neuen Pferden.

Was auf dem dritten Abschnitt ihrer Reise passiert ist, schreibt Bettina von Arnim nicht mehr in ihrem Brief.

Aufgabe

Lösung auf Seite 79

Ordne die vier Gliederungspunkte dem Aufsatz von Markus zu. (Trage den jeweiligen Kennbuchstaben in die Randspalte ein.)

- D – Erste Etappe der Reise
- B – Einleitung
- C – Zweite Etappe der Reise
- A – Dritte Etappe der Reise

Der Musteraufsatz auf Seite 64 zeigt dir, was beim Schreiben eines *Berichtes* zu beachten ist.

- In welcher Reihenfolge werden die Ereignisse berichtet?
- Darf man schreiben, was die Personen insgeheim denken und fühlen?
- In welcher Zeit steht der Bericht?
- Wie hat Markus seinen Bericht gegliedert?

Das Wichtigste in Kürze: Bericht

- In einem Bericht werden **tatsächlich vorgefallene Ereignisse** mitgeteilt.

- Die wichtigsten Einzelheiten werden in der **richtigen zeitlichen Reihenfolge** berichtet.

- Ein Bericht soll **sachlich** sein.
  (Im Gegensatz zu einer Erzählung sollst du beim Bericht *nicht* beschreiben, was die handelnden Personen gedacht und gefühlt haben. Du berichtest die *Fakten* und sollst nicht in die „Herzen“ der Personen sehen.)

- Der Bericht steht in der **Vergangenheit** (Perfekt, Präteritum).

- Sinnvolle Gliederung:

  1. Was willst du berichten?
     (Zum Beispiel: von einer Reise, einem Verkehrsunfall)

  2. Verlauf des Geschehens
     (Du beachtest die richtige zeitliche Reihenfolge der Ereignisse.)

  3. Ergebnis

Eine Fahrt von Frankfurt am Main nach Weimar – *heute*

Lösung auf Seite 79

Nimm einen Autoatlas zur Hand und nenne die kürzeste Strecke von Frankfurt am Main nach Weimar:

Frankfurt → Bad Homburger Kreuz (Autobahn A5) →

Thema für eine anschauliche Erzählung

1. Beschreibe die Autofahrt von etwa 240 km anschaulich und mit vielen Schwierigkeiten.
(Länge: etwa zwei Heftseiten)

Woran könnte man dabei denken?

Radar, Stau, Unfall auf der Gegenfahrbahn,

Du darfst ruhig ein bisschen übertreiben!
Bettina von Arnim hat auch nur die aufregendsten Ereignisse von ihrer Reise mit der Postkutsche erzählt.

Ein sachlicher Bericht zum gleichen Thema

2. Gib nun einen *sachlichen Bericht* von der Reise.
(Länge: zwei Heftseiten)

▪ Ein Verkehrsunfall ▪

Stell dir vor, dass sich aus der Situation auf dem Foto ein Unfall ergibt. Du beobachtest das Geschehen und berichtest der Polizei.

1. Thema für einen Unfallbericht

Die folgenden Fragen helfen dir beim Ordnen deiner Gedanken:

- ❓ Was tun die beiden Jungen?
- ❓ Warum läuft der große Hund wohl auf die Fahrbahn?
- ❓ Was tut der Autofahrer?
- ❓ Wer wird wahrscheinlich bei dem Unfall verletzt?
- ❓ Welcher Schaden entsteht an dem Auto?
- ❓ Wer ist schuld an dem Unfall?

Denk zunächst darüber nach, bevor du zu schreiben beginnst.

▪ Ein Unfall mit dem Fahrrad ▪

Sicher hast du schon einmal beobachtet, dass Kinder sehr unvorsichtig auf ihren Fahrrädern fahren. Vielleicht hast du selbst einen Unfall oder eine Panne mit dem Fahrrad gehabt. Berichte davon! Im Schlusssatz deines Aufsatzes sagst du, wer an dem Unfall schuld war.

2. Thema für einen Unfallbericht. Beachte den Musteraufsatz auf Seite 79.

Umsteigen in Frankfurt Hauptbahnhof

Thema für eine lebhafte Erzählung

Auf ihrer Fahrt nach Heidelberg muss die Familie Schenk (Vater, Mutter und Tochter Daniela) in Frankfurt Hauptbahnhof umsteigen. Sieh dir an, was sie dabei erleben. Auf der nächsten Seite findest du die Aufgaben.

1

2

3

4

5

6

Erzählung

Der Interregio von Gießen nach Frankfurt hatte bereits über zehn Minuten Verspätung, als er auf freier Strecke stehen blieb. Herr Schenk stand unruhig auf.
„Werden wir in Frankfurt noch den IC nach Heidelberg bekommen?" dachte er.
„Von welchem Gleis fährt der Zug nach Heidelberg ab?" fragte ihn seine Frau.
„Ich weiß nicht, wir hätten den Schaffner fragen müssen!"
In diesem Augenblick fuhr der Zug weiter.
Obwohl es noch viel zu früh war, zog sich Herr Schenk schon seinen Anorak an und holte die Koffer …

So könnte eine Erzählung beginnen.

Schreibe den Aufsatz weiter, folge dabei dem vorgegebenen Handlungsverlauf. Lass dich auch von der Bildgeschichte auf Seite 68 anregen.

Beachte die Grundregeln, die für das Erzählen gelten.

- Zug fährt in den Frankfurter Hauptbahnhof ein.
- Die Schenks steigen hastig aus.
- Plötzlich ist Herr Schenk verschwunden.
- Frau und Tochter suchen ihn.
- Schließlich finden sie den Vater. Er hat auf dem Fahrplan nachgesehen, von welchem Gleis der IC abfährt.
- Sie gehen zu dem Bahnsteig. Der IC ist bereits abgefahren.
- Sie erkundigen sich nach dem nächsten Zug. Sie müssen warten.
- Sie haben keine Platzkarten und müssen bis Mannheim stehen …

Bericht

Am Abend telefoniert Daniela mit ihrer Oma und gibt ihr einen *sachlichen Bericht* von den Schwierigkeiten beim Umsteigen in Frankfurt.

Thema für einen sachlichen Bericht

„Hallo Oma!"
„Hallo Daniela! Seid ihr gut in Heidelberg angekommen?"
„Ja, aber beim Umsteigen in Frankfurt gab es eine Panne."…

Ich leihe mir Bücher aus!

Nach dem Unterricht gehen mehrere Schülerinnen und Schüler nicht gleich nach Hause, sondern zunächst in die Stadtbücherei.

1. Die Öffnungszeiten der Bücherei

2. Die Schüler suchen die Titel der Bücher im Katalog.

3. Man findet die Bücher, wenn man sich die Signatur merkt.

4. Die Bibliothekarin hilft beim Suchen der Bücher.

5. Anne findet das gesuchte Buch.

6. *In der Stadtbücherei gibt es auch CDs ...*

7. *... und Videos ...*

8. *... und Spiele.*

9. *Wer die entliehenen Bücher nicht rechtzeitig zurückgibt, muss Mahngebühren zahlen.*

10. *Anne zeigt ihren Benutzerausweis vor und leiht Bücher aus.*

Aufgaben:

1. Berichte, was die Schülerinnen und Schüler in der Stadtbücherei erleben und wie sie sich Bücher ausgeliehen haben.

2. Berichte, wie du selbst in eurer Stadtbücherei Jugendbücher ausgeliehen hast.

EIN WORT ZUM SCHLUSS

Allgemeine Tipps für das Aufsatzschreiben

Du hast an mehreren Beispielen gesehen, wie Schülerinnen und Schüler gute Aufsätze geschrieben haben. Du hast die Regeln und Tipps verstanden, die bei den unterschiedlichen Aufsatzformen zu beachten sind. Und du hast selbst mehrere Übungsaufsätze geschrieben.
Deine nächsten Klassenaufsätze sollten deshalb viel besser ausfallen als früher!

Hinweise zur Benotung von Aufsätzen

Wie werden Klassenaufsätze bewertet?
Am wichtigsten ist der **Inhalt.** Das ist selbstverständlich.
Mitbewertet werden auch:

- der **treffende Ausdruck,**
- der **klare Aufbau,**
- die Zahl der gemachten **Fehler.**

Vergiss das nicht beim Aufsatzschreiben!

Der treffende Ausdruck

Hochdeutsch schreiben!

Benutze für deine Aufsätze immer die **korrekte hochdeutsche Sprache!** Viele Wörter der Umgangssprache, die du zum Beispiel auf dem Schulhof verwendest, solltest du im Aufsatz nicht verwenden.

Der klare Aufbau

Absätze machen!

Denke immer daran, dass du an den geeigneten Stellen deines Aufsatzes **Absätze** machst! Zwei bis drei Absätze sollten es mindestens sein. (Du magst auch nicht Geschichten lesen, wo der Text über eine ganze Druckseite ohne Absatz steht.) – Andererseits sollst du nicht nach jedem Satz einen Absatz machen. Also: Denke an die *geeigneten* Stellen!

Fehler! Fehler! Fehler!

Fehler vermeiden …

Es ist immer sehr schade, wenn ich als Lehrerin inhaltlich gelungene Aufsätze schlecht benoten muss, weil die Zahl der Fehler zu groß ist. Du musst unbedingt darauf achten, dass du die Zahl der Fehler möglichst klein hältst!

… und korrigieren!

Bei Hausaufsätzen hast du genug Zeit um deinen Aufsatz in Ruhe durchzulesen. Du kannst also die Fehler korrigieren. Deine Eltern können dir dabei helfen:

- Sie sollten dir ein Rechtschreibwörterbuch kaufen, das du immer auf deinem Arbeitstisch hast und in dem du schnell nachsehen kannst.
- Sie können dir beim Korrigieren des Hausaufsatzes helfen, indem sie ihn durchsehen und dich auf die Fehler hinweisen.

Auch beim Klassenaufsatz musst du dir Zeit nehmen um möglichst alle Fehler zu finden. Manche Schülerinnen und Schüler tun das schon beim Schreiben. Manchmal ist der Inhalt aber so spannend, dass du dich ganz von ihm gefangennehmen lässt. Dann musst du deinen Aufsatz auf Fehler durchlesen, wenn er fertig ist.

Schreibe lieber einen kürzeren Aufsatz, der möglichst fehlerfrei ist, als einen sehr langen Aufsatz, in dem die Fehler nur so wimmeln!

MacCool hat Recht! Viele Schüler protestieren, wenn ein Mitschüler an der Tafel eine schlechte Handschrift hat. Was du bei anderen nicht duldest, solltest du auch selbst nicht tun!

Viel Erfolg bei deinem nächsten Klassenaufsatz!

Du wirst sehen: Aufsatzschreiben macht auch dir wieder Spaß.

LÖSUNGEN

Die Gegenstandsbeschreibung

Seite 9

Aufgabe 1

Anzeige 3: Sie ist **gut** formuliert.
Anzeige 4: Dass das Perlenarmband 4-reihig ist, ist ein **guter** Hinweis.
Dass das Armband aus Zuchtperlen besteht, ist ein **schlechter** Hinweis. (Wer kann Zuchtperlen von anderen Perlen unterscheiden?)
Dass das Armband in der Nähe des Stadttheaters verloren wurde, ist ein **guter** Hinweis.
Anzeige 5: Suche meine Katze. **Schlechter** Hinweis. (Das kann man der Katze nicht ansehen.)
Sie heißt Nelly. **Schlechter** Hinweis. (Katzen verstehen ihren Namen nicht.)
Sie ist sehr scheu. **Schlechter** Hinweis. (Viele Katzen, die sich verirrt haben, sind scheu.)
Sie hat ein weißes Fell mit schwarzen Flecken. **Guter** Hinweis.
Sie hat tätowierte Ohren. **Guter** Hinweis. (Wichtig wäre zu wissen, was eintätowiert wurde.)

Aufgabe 2

Merkmale des Sittichs: grün, rot, groß
Merkmale des Rockes: wollweiß-golden
Merkmale der Brosche: golden, klein, Blumenkörbchen
Merkmale des Armbandes: 4-reihig, besteht aus Zuchtperlen
Merkmale der Katze: sehr scheu, weißes Fell mit schwarzen Flecken, tätowierte Ohren

Seite 11

Aufgabe 3

1. den linken
2. sieben Merkmale
3. … gelb, rot, hellblau, besser, grün, bunt

Seite 12

Aufgabe 4

Die richtige Reihenfolge der Gliederungspunkte:
4 = Gegenstand
3 = die wichtigsten Teile
1 = Einzelheiten
2 = Schlusssatz
Zusatzfrage: „Weißer“ (Schneemann) ist überflüssig! (Jeder Schneemann ist weiß.)

Seite 17

Mein Lieblingsgebäck

Aufsatz von Christine Sch.:
Das Gebäck, das ich beschreiben möchte, ist rund wie eine Kugel, die oben und unten etwas flacher ist. Es wird in Öl gebacken, sodass die obere und untere Hälfte braun aussehen. In der Mitte bleibt ein hellerer Kreis übrig. Das Gebäck wird mit Puderzucker bestäubt oder mit Zuckerguss überzogen. Wenn man hineinbeißt, stößt man in der Mitte auf Marmelade oder auf Pflaumenmus.
Man isst dieses Gebäck besonders gern zu Silvester und zu Fasching/Karneval.
Das Gebäck heißt …
(Es dürfte dir nicht schwer fallen es zu erraten.)

Die Wegbeschreibung

Seite 21

Aufgabe: Vergleich der beiden Aufsätze

1. Verena beschreibt die Straßen genauer.
… Rosenweg, das ist eine sehr ruhige Straße mit alten Bäumen.
… Frankfurter Straße ein. Sie ist sehr belebt, weil morgens alle Leute in die Stadt fahren. Es gibt keinen Radweg und die Straße führt etwas bergauf.
2. Verena nennt eine Stelle ihres Schulwegs, die für sie sehr gefährlich ist.
… weil ich mit meinem Fahrrad nach links abbiegen muss. Es gibt genug Autofahrer, die noch bei Gelb mit hoher Geschwindigkeit weiterfahren und auf Radfahrer keine Rücksicht nehmen.
3. Verena schreibt, wie lange der Schulweg dauert.
4. Der Aufsatz von Verena **ist besser!**
(Sicher bist du der gleichen Meinung.)

Personen- und Vorgangsbeschreibung

Seite 25

Aufgabe 1

1. Zeile 1 bis 3
2. Zeile 4 bis 6
3. Zeile 6 bis 14
4. Zeile 15 bis 16

Seite 26

Aufgabe 2

1. graue, weiße und schwarze Schminke
2. Schminkvorgang:
1. Schritt: schwarze Schminke für die Umrisse der Bögen um die Augen und für den Kreis auf der Nasenspitze
2. Schritt: graue Schminke für alle übrigen Teile des Gesichts
3. Schritt: schwarze und weiße Schminke für die Bögen über den Augen
4. Schritt: schwarze Schminke für die Nasenspitze und den Schnurrbart, weiße Schminke für die Nagezähne

Seite 30

Philipp als Clown

So könnte Philipp geschminkt sein:

Die Nacherzählung

Seite 35

Ein Haustier für Marion

Aufsatz von Bastian B.:

Am Sonntag kam unsere Nachbarin zu uns. Ich verschwand in meinem Zimmer, weil sie immer viel von ihrer Tochter redet, die in der Schule die besten Noten bekommt.

Meine Mutter rief mich: „Bastian, willst du nicht auch ein Stück Torte?“

Ich ging ins Wohnzimmer und setzte mich zu meiner Mutter und der Nachbarin. Sie erzählte, dass sie ihrer Tochter ein Zwergkaninchen schenken wolle.

„Ein Zwergkaninchen?" fragte ich. „Hat sich Marion ein Zwergkaninchen gewünscht?"

Ich erzählte die Geschichte vom Hasen Theodor, die ich gerade gelesen hatte.

„... Nachdem Clemens sich erst sehr über den kleinen Hasen gefreut hatte, wurde ihm das Tier bald langweilig. Der Bruder von Clemens putzte immer mal den Stall. Nur die kleine Schwester kam regelmäßig zu dem Zwerghasen und brachte ihm Futter. Hasen brauchen harte Gegenstände um daran zu knabbern, weil ihre Zähne immer nachwachsen. Der Zwerghase von Clemens hatte nichts, woran er knabbern konnte. Deshalb wuchsen ihm die Zähne so lang, dass sie ihn zum Tierarzt bringen mussten. Der hat ihm die Nagezähne abgezwickt. Eigentlich sollten Tiere nicht als Spielzeug verwendet werden. Hoffentlich wird sich Marion immer um ihren kleinen Hasen kümmern!"

Erlebtes erzählen

Seite 42

Aufgabe: Vergleich der beiden Aufsätze

1. Carola beschränkt sich in ihrem Aufsatz auf wenige Ereignisse.

2. Carola erzählt häufiger Gedanken und Gefühle der Personen als Holger.

Holger:

... und betrachtete sie liebevoll ...

... und war etwas enttäuscht.

... und war sehr traurig.

Carola:

Ich habe immer große Angst vor Hunden ...

„Hoffentlich versteht dieses Riesenkalb Deutsch", dachte ich.

..., was mir richtig peinlich war.

Ich fand das Tier unheimlich und gefährlich.

„Oje", dachte ich, „dieses Monster soll ich am Hals kraulen?"

Aber ich wollte kein Feigling sein ...

... erst vorsichtig ...

Langsam überwand ich meine Angst vor diesem Hund.

3. Beide schreiben einen spannenden Aufsatz. Holgers Erzählung ist nur am Schluss spannend, Carolas Geschichte ist insgesamt spannend erzählt.

4. Beide beschreiben das Tier sehr anschaulich.

Holger:

... kleine Schildkröte ...

... und blickte unter dem hübsch gemusterten Panzer mit glänzenden, schwarzen Augen ...

Carola:

... sprang ein großer, schwarzer Hund ...

Er hatte das Maul offen und ließ die Zunge heraushängen.

... der riesige Hund ...

Seite 47

Fragen zu Anjas Aufsatz

1. Sie weckt damit Spannung.

2. Das ist selbstverständlich. Was sollen die Mädchen sonst tun?

3. „Alte" Bücher sind auf dem Dachboden selbstverständlich. Dort werden keine neuen Bücher liegen.

4. Man „blinzelt", wenn man bei sehr hellem Licht die Augen etwas schließt.

5. Licht fällt auf den Messingleuchter, deshalb blinkt er.

6. Dadurch kommen die Mädchen auf die Idee, dass der Kerzenständer aus Gold sein könnte.

Die Phantasiegeschichte

Seite 53

Die Geschichte vom fliegenden Robert

Zeile 60: Perlenketten von Lichtern
Zeile 86: lange Fühler (Straßenlaternen)
Zeile 88: ähnliches Licht (Neonlampe)
Zeile 92: Geschwindigkeit der „Kutschen"
Zeile 94: winziger Metallgegenstand (Schlüssel)
Zeile 95: Knopf in der Wand (Lichtschalter)
Zeile 98: Schrank (Fahrstuhl)
Zeile 108: weiße, glatte Kisten (Küchenmöbel)
Zeile 114: raschelnde Bröckchen (Cornflakes)
Zeile 117: ein aus der Wand ragender kurzer Arm (elektrischer Dosenöffner)
Zeile 125: hässlicher Kasten (Fernseher)
Zeile 137: hin und her laufende Männer (Fußballspiel)

Seite 57

Fragen zu Corinnas Aufsatz

1. „Vorsichtig" bedeutet auch „langsam", gleichzeitig wird klar, warum Corinna langsam aussteigt.
2. Dass sich Corinna umschaut, ist völlig selbstverständlich. Dass alles „merkwürdig" aussieht, ist auch selbstverständlich.
3. Der Ausdruck „graue Lehmhäuser" ist viel genauer. Man kann sich die Häuser besser vorstellen.
4. „Ein bisschen komisch" ist missverständlich. „Komisch" heißt ja eigentlich „lächerlich". (Es lachte aber niemand.)
5. Corinna hatte einen sehr guten Einfall! (Zeile 38 bis 39). Die letzten Sätze hätten den Schluss nur verdorben.

Außerdem schreibt sie in den letzten Sätzen nur Selbstverständlichkeiten, die sich der Zuhörer oder Leser auch alleine denken kann.

Seite 58

Aufgabe

Einleitung: Zeile 1 bis 8
Höhepunkt: Zeile 31 bis 32
Gefühle und Gedanken:
Zeile 1: Es kostete mich einige Überwindung …
Zeile 3: Hoffentlich …
Zeile 4: Würde ich die Leute überhaupt verstehen? (Gedanken)
Zeile 5: Ich betätigte vorsichtig den Hebel.
Zeile 11: Ich guckte gespannt durch die Luke.
Zeile 13: Vorsichtig stieg ich aus …
Zeile 17: Vor Aufregung hatte ich …
Zeile 29: Ich rief entsetzt …
Zeile 33: Ich bereute sofort …
Zeile 36: Ich sah mich mit einem verlegenen Lächeln um …
Zeile 38/39: O Gott, ich habe Jesus beleidigt! Hoffentlich schreiben sie das nicht ins Neue Testament!

Auch die Gefühle der anderen Personen werden genannt:
Zeile 15: Alle guckten mich misstrauisch an …
Zeile 31: Da blickte mich der junge Mann freundlich an …

Spannung:
zum Beispiel Zeile 7 bis 8, 21, 32

Anschaulichkeit:
Zeitmaschine: Sie sah so ähnlich aus wie ein Ufo.
Blitze: grell
Lehmhäuser: grau, mit flachen Dächern
der junge Mann: lange Haare, Dreitagebart, freundlich, milde Stimme

Seite 59

Mit der Zeitmaschine in die Zukunft

Aufsatz von Heiko G.:
Ich hatte eine Brieftasche auf der Straße gefunden. Der überglückliche Besitzer schenkte mir zum Dank für meine Mühe und Ehrlichkeit zwei Karten für die Show „Magic Moments" in Hamburg.
Da mein Onkel in Hamburg wohnt, durfte ich in den Osterferien mit ihm in die Show gehen. Dort war alles wie im Kino eingerichtet. Die Technik funktionierte so: Man musste ein bestimmtes Jahr in den Computer eingeben, einen Helm aufsetzen und nach Betätigung des Startknopfes erschienen magische Welten. Ich fand mich in der Zukunft wieder, im Jahre 2222, das ich in das Terminal eingegeben hatte. Mein erster Eindruck war nicht ganz so, wie ich mir die Zukunft vorgestellt hatte. Nirgends liefen Roboter herum und die Gebäude sahen aus wie zu unserer Zeit. Nur die Leute hatten sich verändert: Alle hatten auf der Stirn ein merkwürdiges Zeichen, niemand hatte Zähne im Mund und alle trugen am Gürtel eine blaue Plastikkarte.
Dies interessierte mich natürlich. Ich ging in einen Informations-Shop. Als Reisender aus der Vergangenheit stand ich sofort im Mittelpunkt, man beantwortete mir höflich alle Fragen.
Die Zeichen auf der Stirn stellten eine Kodierung dar, die als Ausweis galt und elektronische Türen öffnen konnte. Je nach Programm öffneten sich Türen zu Dienstleistungs- und Einkaufszentren. Dass niemand mehr Zähne hatte, lag daran, dass Gebisse nicht notwendig waren. Man aß nur noch Pillen, die alle notwendigen Nährstoffe und Vitamine enthielten. Feste Nahrung gab es schon lange nicht mehr – mit fortschreitender Verseuchung der Böden durch die Landwirtschaft und Industrie war man gezwungen die Welternährung auf diese Weise sicherzustellen. Die Karten am Gürtel stellten Kreditkarten dar, mit denen man alles bezahlte, denn Geld gab es nicht mehr.
Nach und nach hatten sich viele Leute vor dem Informations-Shop versammelt. Unter ihnen befand sich jemand mit einer besonders langen Kodierzeile auf der Stirn: ein Polizist.
Weil ich keine Kodierung auf der Stirn hatte, musste ich als Strafe eine Woche lang in die städtische Folterkammer im Museum. Ich staunte nicht schlecht, als ich in meine eigene Schule hier in Gießen kam. Von Folter konnte keine Rede sein. Ich musste einfach nur eine Woche lang herumsitzen. Am fünften Tag kam eine Besuchergruppe herein. Die Leute waren alle ganz entsetzt darüber, dass man in früheren Jahrhunderten die Kinder gezwungen hatte auf solchen harten, wenig rückenfreundlichen Stühlen zu sitzen. „Ach, die armen Kleinen, was müssen die gelitten haben!"
Nach weiteren zwei Tagen wurde ich freigelassen. Meine Haftentlassungskarte enthielt auch ein geringes Guthaben, sodass ich ein Restaurant aufsuchen konnte. Es war vollautomatisch. Man musste am Tisch in einen Computer sein Menü eingeben. Ich wählte Hamburger, Pommes frites und als Nachtisch Erdbeereis. Heraus kamen ein paar Sekunden danach eine braune und viele kleine gelbe und eine rosa Pille. Alle dufteten tatsächlich nach den bestellten Speisen. Allein durch die Illusion konnte man satt werden …
Plötzlich hatte ich das Gefühl, als würde mich jemand von hinten packen! Aber das war nur mein Onkel. Er hatte mich aus meiner Reise in die Zukunft wieder in die Gegenwart zurückgeholt.

Der Bericht

Seite 63

Bettina von Arnims Reise

Etappen:
1. Frankfurt – Wirtshaus
2. Wirtshaus – Wald (Unfallort)
3. Wald – (Weimar)

Die Schwierigkeiten:
a) Postkutsche:
schlechte Postkarren, ächzende Achsen, Postillion läuft weg
b) Straßenverhältnisse:
Wege grundlos und aufgeweicht, Löcher, umgestürzte Bäume, bergauf – bergab
c) Pferde:
marode, von schlechter Gesundheit, können „fallen"
d) Gasthäuser:
Fangnester, wo die Reisenden ausgeplündert werden
e) Räuber:
Räuber sind im Wald, Gastwirte bestehlen Gäste

Seite 64

Aufgabe

Die richtige Reihenfolge der Gliederungspunkte:
B – D – C – A

Seite 66

Eine Fahrt von Frankfurt am Main nach Weimar – heute

Streckenverlauf:
Frankfurt → Bad Homburger Kreuz (Autobahn A 5) → Gambacher Kreuz → Reiskirchener Dreieck → Hattenbacher Dreieck → Kirchheimer Dreieck (Wechsel auf die Autobahn A 4) → Bad Hersfeld → Eisenach → Gotha → Erfurt → Abfahrt Weimar

Seite 67

Ein Unfall mit dem Fahrrad

Unfallbericht von Frank D.:
Wir hatten sechs Stunden Unterricht, in der vorletzten Stunde Mathe und in der letzten Stunde ein Diktat in Deutsch. Michael und ich waren ziemlich müde, als wir auf unseren Fahrrädern nach Hause fuhren. Wir hatten auch noch eine Menge zu besprechen, weil wir uns zum Schwimmen treffen wollten. Am Ende der Liebigstraße mussten wir uns trennen.
Ich bog nach links ab und wurde im selben Augenblick von einem Auto zu Boden gerissen. Das Vorderrad meines Fahrrades war unter den Reifen eines Autos gekommen und verbogen. Mein rechtes Knie blutete so stark, dass das Blut durch die Jeans drang.
Die Fahrerin stieg aus. Sie wollte mir zunächst wieder auf die Beine helfen, doch die Schmerzen waren zu groß. Deshalb bat sie einen älteren Herrn die Polizei zu rufen.
Ich lag auf der Straße, viele Leute standen gaffend um mich herum. Später fuhr mich die Polizei ins Krankenhaus.
Schuld an dem Unfall hatte wohl ich, weil ich nicht genug auf den Verkehr geachtet hatte.

Deutsch

7./8. Klasse

In der neuen Rechtschreibung

Teil 2:

- Beschreibung
- Charakteristik
- Bericht
- Inhaltsangabe
- Erörterung

EINIGE NÜTZLICHE TIPPS VORWEG …

So arbeitest du mit dieser Lernhilfe

Liebe Schülerin, lieber Schüler!

Vielen von euch macht das Aufsatzschreiben Spaß. Du kannst sicherlich Namen aus deiner Klasse nennen. Die meisten meiner Schülerinnen und Schüler schreiben regelmäßig sehr gute, gute oder zumindest befriedigende Klassenaufsätze. Das setzt voraus, dass die Schülerinnen und Schüler ganz genau wissen, was ein Aufsatzthema von ihnen verlangt, und dass sie regelmäßig *Übungsaufsätze* schreiben.

Du hast mit dem Aufsatzschreiben Schwierigkeiten? Woran liegt das? Sieh zusammen mit deinen Eltern deine Aufsätze noch einmal durch. Warum sind deine Aufsätze nicht so bewertet worden, wie du es erhofft hast?

- Waren es die vielen Fehler? (Rechtschreibfehler? Zeichensetzungsfehler?) Dann musst du mit einer Lernhilfe arbeiten, die Rechtschreibung und Zeichensetzung übt.
- Ist dir zu den Aufsatzthemen nichts eingefallen? Wusstest du gar nicht so genau, was man zu den Themen schreiben sollte?
  Dann arbeite mit dieser Lernhilfe. Hier bekommst du *klare Hinweise* und *Regeln,* die bei den verschiedenen Aufsatzformen zu beachten sind. Beachte die grünen Flächen. Und (noch besser!): Du findest in dieser Lernhilfe viele *Modellaufsätze.* Lies sie aufmerksam durch! Du siehst dann, was andere Schülerinnen und Schüler zu ähnlichen Themen geschrieben haben, wie du sie auch für Klassenarbeiten bekommst. Richte dich nach diesen Modellaufsätzen und schreib ähnliche.

  Klare Hinweise und Regeln
- Wurde dein „Ausdruck" bemängelt?
  Dann findest du in diesem Buch mehrere wirksame Hilfen.
  Du solltest die Modellaufsätze, die dir besonders gut gefallen, nicht nur durchlesen, sondern dir diktieren lassen. Dabei merkst

  Übungen zum Ausdruck

du dir viele gute Ausdrücke, die du beim nächsten Klassenaufsatz auch verwendest.
Außerdem findest du auf den Seiten 90/91, 124/125, 144/145, 176/177 und 198/199 Übungen, die den *treffenden Ausdruck* gezielt schulen. Bearbeite diese Übungen besonders sorgfältig.

Wenn du weißt, wie man gute Aufsätze schreibt, wirst du das auch ausprobieren wollen. Am wichtigsten sind natürlich die Themen, die du von deinem Lehrer oder deiner Lehrerin bekommst. Diese *Übungsaufsätze* solltest du mit großer Sorgfalt schreiben! Melde dich im Unterricht, damit du deinen Aufsatz vielleicht vorlesen darfst und Kritik und Anregungen bekommst.

Viele zusätzliche Übungsaufgaben findest du in dieser Lernhilfe. Such dir zunächst die Themen aus, die dich am meisten interessieren. Nimm dir ausreichend Zeit und schreibe regelmäßig mindestens zwei Übungsaufsätze pro Woche.

Den *Rat* von MacCool solltest du beherzigen!
Helfen könnten dir deine Eltern oder Großeltern, aber auch deine älteren Geschwister. Eine andere Möglichkeit: Arbeite mit deinem Freund/deiner Freundin zusammen. Lest euch eure Aufsätze gegenseitig vor und besprecht sie dann.

Regelmäßiges Üben bringt dich weiter.

Beim Aufsatzschreiben gibt es nicht – wie beim Rechnen – nur die *eine richtige* Lösung. Das weißt du. Betrachte deshalb die Texte im Lösungsteil immer nur als Beispiele, die dir Anregungen geben. Und: Schau erst dann im Lösungsteil nach, wenn du selbst deinen Aufsatz geschrieben hast.

Lege dir ein **besonderes Aufsatzheft** an, in das du alle Übungsaufsätze schreibst. *Dieses Aufsatzheft solltest du auch deinem Deutschlehrer/deiner Deutschlehrerin zeigen.* Vielleicht liest er/sie deine Aufsätze durch. Auf jeden Fall sieht er/sie, dass du dich um das Aufsatzschreiben wirklich bemühst. Er/Sie wird dir zumindest deinen guten Willen anrechnen!

Für die Übungsaufsätze nehme ich mir Zeit:

jeden ____________________

von ________ bis ________ Uhr.

WIE SIEHT DIE SACHE AUS?

Die Gegenstandsbeschreibung

Auf dem Fundbüro

Kürzlich ist bei uns zu Hause etwas Schreckliches passiert! Meir Tochter Silke trug seit einigen Wochen ein goldenes Kettchen m einem Herzen als Anhänger. Sie wollte nicht sagen, woher sie d: Kettchen bekommen hatte. Und dann eines Tages: Silke war m Freundinnen in der Stadt gewesen, in Kaufhäusern und Geschäftei hatte Sweatshirts anprobiert – abends war das Kettchen weg!
Sie konnte ihre Tränen nur mit Mühe zurückhalten. Ich sagte zu ihr: „Das Kettchen kann doch nicht so wertvoll gewesen sein, ich kaufe dir ein neues." Da hatte ich etwas Dummes gesagt! Ich erfuhr, dass das Kettchen ein Geschenk von einem Jungen war, den sie in den Ferien kennen gelernt hatte. Das war mit Geld nicht zu ersetzen!
Wir gingen beide ins Kaufhaus und fragten, ob es ein Fundbüro gebe. „Nein." Wir gingen in die Bekleidungsgeschäfte und fragten nach, ob ein Kettchen abgegeben worden sei. „Nein." Wir erfuhren, wo in unserer Stadt das Fundbüro ist. Wir gingen hin.
Warst du schon mal in einem Fundbüro? Wir sahen da Regenschirme (ich weiß nicht wie viele), Fahrräder (bestimmt dreißig), Handschuhe, kistenweise Brillen, Armbanduhren, Schlüssel … und auch viele Schmuckstücke.
Ein freundlicher Herr im Fundbüro fragte meine Tochter:
„Was hast du verloren?" „Ein Halskettchen."
„Wie sieht es denn aus?" (Dabei holte der freundliche Herr einen Kasten mit Schmuck hervor.)
„Es ist aus Gold … jedenfalls sieht es so aus wie aus Gold. Die Kette ist etwa 40 bis 50 cm lang, hat einen Ringverschluss und als Anhänger ein Herz. Das kleine Herz kann man aufklappen (meine Tochter wurde rot), eingraviert sind die Buchstaben S und A, in ander geschrieben."
„Du hast das Kettchen gut beschrieben",
sagte der Herr. „Na, dann wollen wir mal sehen …"
Schließlich hatten wir Glück, Gott sei Dank!

▪ Aufgabe 1: Fragen zum Text ▪

Lösungen auf Seite 203

Warum sagte der freundliche Angestellte im Fundbüro zu meiner Tochter: „Du hast das Kettchen gut beschrieben"?
Zuerst nennt Silke den Gegenstand:

ein Halskettchen ______

Dann nennt sie charakteristische Einzelheiten:

Material: ______

Länge: ______

Verschluss: ______

Anhänger: ______

Unter Hunderten von Halsketten könnte man nach der Beschreibung von Silke dieses Kettchen eindeutig wiedererkennen. Welches Merkmal hat wahrscheinlich nur dieses eine Kettchen?

______

______

______

▪ Aufgabe 2: Mein Fahrrad ▪

Im Fundbüro stehen viele Fahrräder. Sicherlich hast du auch ein Fahrrad. Wir nehmen einmal an, dass dein Fahrrad weg ist. Könntest du dem Angestellten auf dem Fundbüro dein Fahrrad so genau beschreiben, dass er es erkennen kann?

Besondere Merkmale?
– Farbe
– Beschädigungen
– Ausstattung
– Gangschaltung
– Form des Lenkers
– aufgeklebte Schilder

Fahrradtyp: ______

Marke: ______

Besondere Merkmale: ______

______

Das Wichtigste in Kürze: Die Gegenstandsbeschreibung

- Wenn du eine Gegenstandsbeschreibung anfertigst, schreibe zunächst auf, wie der Gegenstand heißt:

  Zum Beispiel: Halskettchen, Herrenfahrrad …

- Sieh dir dann den Gegenstand ganz genau an (oder stelle dir den Gegenstand vor, wenn du ihn nicht sehen kannst, zum Beispiel das verlorene Kettchen). Aus welchen Teilen besteht er? Wie heißen die Teile? Wie sehen die Teile aus? Aus welchem Material sind sie?

- Achte besonders auf die **auffälligen, typischen** Merkmale des Gegenstandes!

  Zum Beispiel: eingeritzte Buchstaben beim Kettchen, auffällige Aufkleber oder Beschädigungen des Fahrrads …

- Verwende bei der genauen Beschreibung des Gegenstandes viele **Adjektive.**

  Beispiele: kleines Herz, eingravierte Buchstaben …

  Auch zusammengesetzte Nomen (Substantive) dienen der genauen Beschreibung.

  Beispiele: Halskettchen, Ringverschluss …

- Gegenstandsbeschreibungen stehen im **Präsens.**

- Eine Gegenstandsbeschreibung ist gelungen, wenn der Leser den gemeinten Gegenstand aus mehreren herausfinden kann (wie der freundliche Herr im Fundbüro) oder wenn der Leser ihn nachzeichnen kann (ohne ihn gesehen zu haben).

Übungsaufsätze

Das „Laufrad“

1. Thema für eine Gegenstandsbeschreibung

Fahrräder, wie wir sie heute kennen und benutzen, gibt es erst seit 100 Jahren. Das erste „Fahrrad“, das wirklich ausprobiert wurde und funktionierte, war das Laufrad des Freiherrn Drais von Sauerbronn. Er konstruierte es im Jahr 1817.

Es war aus Holz gebaut, hatte ein Steuer, einen Sattel ... Der Freiherr unternahm lange Fahrten mit seinem Laufrad. Wenn er aber erzählte, wie schnell er damit von einer Stadt zur anderen gekommen war, wollte ihm niemand glauben.

Sieh dir das „Laufrad“ genau an.

Fertige eine Stoffsammlung für einen Aufsatz an. Die folgenden Leitfragen helfen dir dabei:

- Wie heißt der Gegenstand? Wer hat ihn erfunden?
- Wie sah das Laufrad aus? (Welche wichtigen Teile, die heute jedes Fahrrad hat, fehlten noch?)
- Wie konnte man mit diesem Rad fahren? (Auf ebener Strecke, auf abschüssiger Strecke?) Wie konnte man bremsen?

Schreibe nun den Aufsatz in dein Übungsheft!

■ Autoskooter ■

2. Thema für eine Gegenstandsbeschreibung

Du möchtest Geld für die Kirmes (Kirchweih, den Jahrmarkt, Rummel) haben. Eine deiner Omas ist zu Besuch. Sie will wissen, welche der Attraktionen dich besonders interessiert.

Beschreibe diese Attraktion (zum Beispiel einen Autoskooter).

Leitfragen für deine Stoffsammlung

- Wie sieht ein Autoskooter aus?
  (Größe und Form der Wagen, Räder, Zahl der Plätze, Gummiring und seine Aufgabe.)
- Wie funktionieren die Wagen?
  (Hast du darüber schon einmal nachgedacht? Die lange Stange hinten heißt „Stromabnehmer“. Wozu dient oben an der Decke das Drahtgeflecht? Wie fließt der Strom?)
- Was musst du tun?
  (Denke an das Steuerrad und an das Pedal unten.)
- Wodurch entsteht der Spaß?
  (Man kann mit dem Autoskooter fahren wie mit einem richtigen Auto. Aber der eigentliche Spaß ist: ... Du weißt es bestimmt selbst.)

Zum Schluss nennst du die Preise und bekommst tatsächlich Geld.

Lenkdrachen werden per Zug an den Leinen gesteuert.

Beschreibe den Lenkdrachen, den du auf Seite 88 siehst.

Für die genaue Beschreibung brauchst du einige Fachausdrücke:

- **Delta-Lenkdrachen**
- **Spannweite** (die Breite des Lenkdrachens)
- **Spinnakertuch** (in vielen Farben zum Bespannen); neuerdings wird auch **Icarex** verwendet, das noch leichter und lichtbeständiger ist.
- **Leine** (der Lenkdrachen hat zwei Leinen)

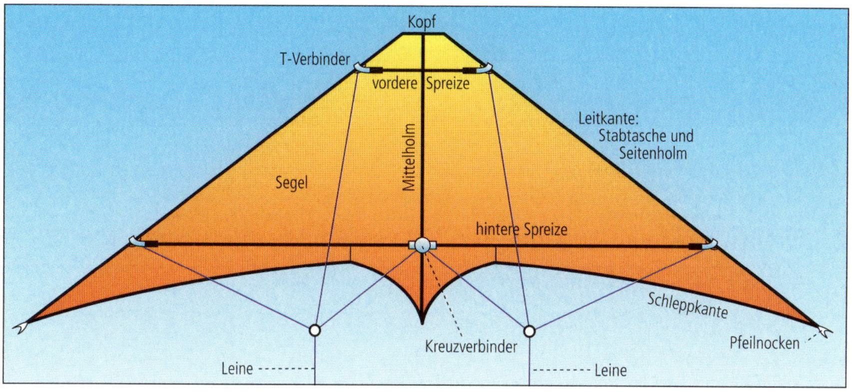

Bauteile eines Deltalenkdrachens in schematischer Darstellung

Aus der Zeichnung kannst du weitere Fachbegriffe ableiten.

Kopf: ______________________________

____

Leitkante: ______________________________

____

Schleppkante (an ihr entsteht auch das Windgeräusch): ______________

____

Vordere und hintere Spreize: ______________________________

____

Mittelholm: ______________________________

____

Seitenholme (sie befinden sich in den Stabtaschen): ______________

____

Vergleiche deine Beschreibungen mit den Angaben im Lösungsteil (Seite 203).

▪ Finde den treffenden Ausdruck ▪

Aus Gegenstandsbeschreibungen zum Thema „*Laufrad*“:

1. *Der Freiherr von Sauerbronn erzählte, dass er schneller als ein Pferd mit dem Laufrad fahren konnte.* (St. Sch.)
Das bedeutet, dass auch Pferde auf dem Laufrad fahren konnten!
Was meint der Schreiber wirklich?

____

____

____

2. *Ein etwa 2 Meter langer Balken hat vorne und hinten zwei Räder, die in einer Art Gabel stabil befestigt sind?* (M. Sch.)
Wie viele Räder hat das Laufrad tatsächlich? Formuliere das eindeutig!

____

____

____

Lösungen auf Seite 203

3. *Die Räder verbindet eine Holzlatte. Diese Holzlatte war sozusagen der Rahmen.* (Y. T.)
Das Wort „Holzlatte" wird zweimal gebraucht. Das kann man geschickter ausdrücken:

____

____

4. *Außerdem fehlten dem Laufrad viele Teile, die bei dem heutigen Fahrrad natürlich sind, beispielsweise die Pedalen.* (N. C.)
Das Wort „natürlich" stimmt bei einer Maschine nicht.
Wie müsste es richtig heißen?

____

Aus Gegenstandsbeschreibungen zum Thema *„Autoskooter“*:

5. *In einem Autoskooter haben zwei Leute Platz. Der eine steuert, der andere betätigt das Gaspedal.* (C. N.)
Stimmt das wirklich? Formuliere es richtig:

____

____

6. *Letzten Sonntag war ich zur Kirmes.* (B. Sch.)
Man sagt nicht „zur Kirmes“, sondern

____

7. *… aber das ist mit Sicherheit sehr gefährlich.* (M. Ch.)
Diese Formulierung klingt komisch. Warum?
Formuliere den Satz richtig:

____

____

8. *Eine lange Stange ist hinten ans Auto geschweißt, wo das Ende aus Draht besteht.* (N. H.)
Wie bitte? Besteht das Auto hinten aus Draht?
Wie muss der Sachverhalt richtig formuliert werden?

____

____

____

9. *Herbstkirmes. Morgen fahre ich gleich zu Oma und frage sie, ob ich ein bisschen Kohle haben kann.* (St. S.)
In diesem Satz steht ein umgangssprachliches Wort, das man nicht im Aufsatz gebrauchen sollte. Durch welches Wort sollte man es ersetzen?

____

Testaufgabe 1

Lies den Aufsatz von Bianca durch und beantworte die Fragen.

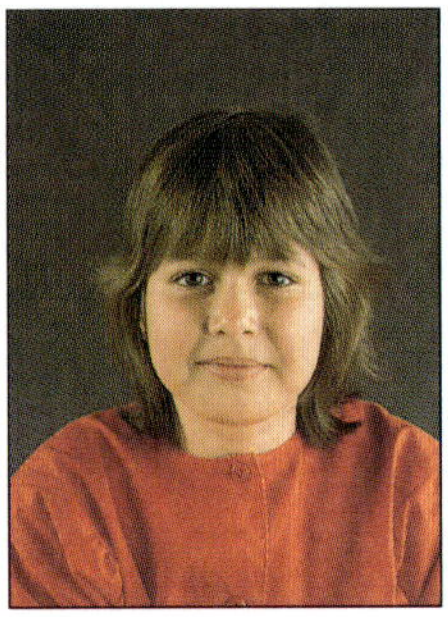

Aufsatz von Bianca Sch.:

Letzten Sonntag war ich auf der Kirmes. Leider hatte ich kein Geld mehr. Darum habe ich meine Oma, die gerade zu Besuch war, gefragt: „Du, Oma, kannst du mir etwas Geld für die Kirmes geben?“ Sie antwortete: „Wofür brauchst du denn das Geld?“ Ich antwortete: „Für den Autoskooter.“ „Autoskooter, was ist denn das?“ fragte sie mich. Also fing ich an, es ihr zu erklären:
„Beim Autoskooter gibt es viele kleine, bunte Autos, die mit einem Draht mit der Decke verbunden sind. In den Autos ist Platz für zwei Personen. An der einen Seite sitzt der Fahrer, der an dem kleinen Lenkrad drehen und mit dem Fuß das Pedal, das sich unter dem Steuer befindet, nach unten drücken muss, damit das Auto fährt. Doch bevor man überhaupt fahren kann, muss man sich an der Kasse einen Fahrchip kaufen, den man dann in den Schlitz am Auto steckt. An der Kasse sitzt ein Mann, der die Musik spielen und ein Farbenspiel an der Decke leuchten lässt. Ab und zu lässt dieser Mann künstlichen Rauch aus einer Lampe herauskommen. Aber diese Attraktion hat auch ihren Preis, denn eine Fahrt mit dem Autoskooter kostet zwischen 2,50 und 3,– DM.“
Nachdem ich meiner Oma erklärt hatte, was ein Autoskooter ist, gab sie mir Geld für zwei Fahrten. Darüber habe ich mich natürlich sehr gefreut. Ich bedankte mich, und ab ging es zur Kirmes.

Hat die Oma nun verstanden, was ein Autoskooter ist?

1. Im Großen und Ganzen hat sie verstanden. ❑ Ja ❑ Nein

2. Sie hat verstanden, wie die Autos angetrieben werden. ❑ Ja ❑ Nein

3. Sie hat verstanden, wodurch der Spaß beim Autoskooter entsteht. ❑ Ja ❑ Nein

4. Sie hat verstanden, dass das Fahren mit den Autos ungefährlich ist. ☐ Ja ☐ Nein

5. Bianca schreibt, dass die kleinen Autos mit einem Draht mit der Decke verbunden sind. Das ist ☐ richtig ☐ falsch

6. Das, was Bianca über den Mann an der Kasse schreibt (Zeile 16–18), ist ☐ wichtig ☐ unwichtig

7. Die Einleitung zu der Gegenstandsbeschreibung ist ☐ nicht zu lang ☐ zu lang

Vergleiche deine Ergebnisse mit den Lösungen auf Seite 130.

Testaufgabe 2

Lies auch den Aufsatz, den Christian zum gleichen Thema geschrieben hat, und beantworte dann wieder die Fragen.

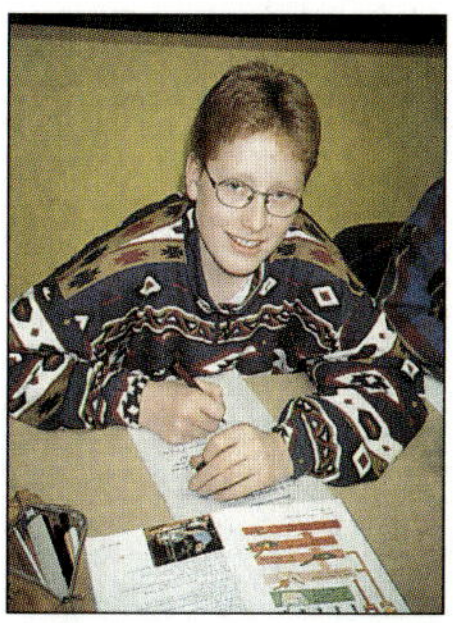

Aufsatz von Christian J.:

„Oma, gibst du mir Geld für die Kirmes?“ „Was willst du damit machen?“ „Autoskooter fahren!“ „Autoskooter, was ist denn das?“ „Der Autoskooter macht mir den meisten Spaß. Auf einer großen Plattform fahren 10 bis 15 Elektroautos. Jedes Auto hat Platz für zwei Personen. Wie bei einem richtigen Auto hat der Fahrer ein Steuerrad und ein Gaspedal. Beim Fahren kann man die anderen Autos rammen. Das ist ungefährlich, weil um jedes Auto ein dicker Gummiring angebracht ist, der den Stoß abmildert. Aber die Mädchen erschrecken sich doch.“ „Ich verstehe, dass dir das großen Spaß macht, Christian. Hier hast du 30 Mark.“ „Danke, Oma!“ „Warte, ich komme mit!“

Hat die Oma verstanden, was ein Autoskooter ist?

1. Im Großen und Ganzen hat sie verstanden. ☐ Ja ☐ Nein

2. Sie hat verstanden, wie die Autos angetrieben werden. ☐ Ja ☐ Nein

3. Sie hat verstanden, wodurch der Spaß beim Autoskooter entsteht. ☐ Ja ☐ Nein

4. Sie hat verstanden, dass das Fahren mit den Autos ungefährlich ist. ☐ Ja ☐ Nein

5. Die Einleitung zu der Gegenstandsbeschreibung ist ☐ nicht zu lang ☐ zu lang

6. Was bedeutet der letzte Satz des Aufsatzes: „Warte, ich komme mit!"?

____

____

____

Vergleiche deine Antworten mit den Lösungen auf Seite 204.

7. Dieser Schluss des Aufsatzes ist
   ☐ überflüssig ☐ ein netter Einfall
   ☐ unsachlich ☐ gelungen

Das Kettenkarussell zählt auch heute noch zu den Jahrmarktsattraktionen

Stell dir vor, du sollst die Aufsätze von Bianca und Christian benoten. Welche Zensuren wären für die beiden Beschreibungen angemessen?

Zensurenbereich	Namen der Schüler
„sehr gut", „gut"	
„befriedigend", „ausreichend"	
„mangelhaft"	

Jetzt sieh dir *deinen* Aufsatz zum Thema *„Autoskooter"* kritisch an.

Zitiere aus deinem Aufsatz.

1. Hat die Oma nach deinem Aufsatz verstanden, wie die Autos angetrieben werden?

Ja, denn in meinem Aufsatz steht: ______________________

____

____

2. Hat die Oma nach deinem Aufsatz verstanden, wodurch der Spaß beim Autoskooter entsteht?

Ja, denn in meinem Aufsatz habe ich geschrieben: ______________________

____

____

3. Hat die Oma nach deinem Aufsatz verstanden, warum das Fahren mit dem Autoskooter ungefährlich ist?

Ja, denn ich habe darauf hingewiesen: ______________________

____

____

4. Wenn die Einleitung zu deinem Aufsatz länger als 6 Zeilen ist, solltest du sie kürzen.

WER BIST DU?

Personenbeschreibung/Personencharakteristik

Auf der Nebenseite siehst du Yvonne, eine Schülerin aus meiner Klasse. Ihr Vater ist Deutscher, ihre Mutter Libanesin, daher die etwas dunkle Hautfarbe. Yvonne ist Klassensprecherin, organisiert unsere Klassenfeste, trifft sich mit Mitschülerinnen und Mitschülern, wird überall eingeladen – jeder/jede möchte Yvonne als Freundin haben.

Eine interessante Persönlichkeit

Sie ist eine gute Schülerin, schreibt beachtliche Aufsätze (was mich freut), Mathematik bereitet ihr keine Probleme, besonders begabt ist sie in den Fremdsprachen. Da kann sie vielen Mitschülern helfen, wenn sie etwas im Unterricht nicht verstanden haben oder ohne Hausarbeiten in die Schule gekommen sind (was eigentlich nicht vorkommen sollte).

Man könnte sagen: Yvonne ist ein interessanter junger Mensch, eine faszinierende *Persönlichkeit.* Für einen Schriftsteller könnte es sich vielleicht lohnen, sie zur Hauptperson einer Erzählung zu machen. Als ich vor einiger Zeit das Aufsatzthema *„Ein Klassenkamerad/ Eine Klassenkameradin"* stellte, beschrieben sechs Mitschülerinnen und Mitschüler Yvonne.

Was lässt sich an einem Menschen beschreiben?

Äußere Erscheinung und Charaktermerkmale

- Zunächst der **äußere Eindruck:** Körpergröße, Gestalt, Gesicht, Haare, Kleidung, besondere Kennzeichen usw.
- Interessanter ist, wenn man über den **Charakter,** das **Wesen,** die **Persönlichkeit** eines Menschen Aussagen machen kann. Wie ist Yvonne? Gesellig, aktiv, begabt, hilfsbereit, nett … Wie zeigen sich diese Charaktereigenschaften? Wie verhält sich Yvonne in bestimmten Situationen?

Auf den folgenden Seiten werde ich dir zeigen, wie man eine **Personenbeschreibung** (äußerer Eindruck) und eine **Personencharakteristik** (Wesen, Persönlichkeit) als Aufsatz schreiben kann.

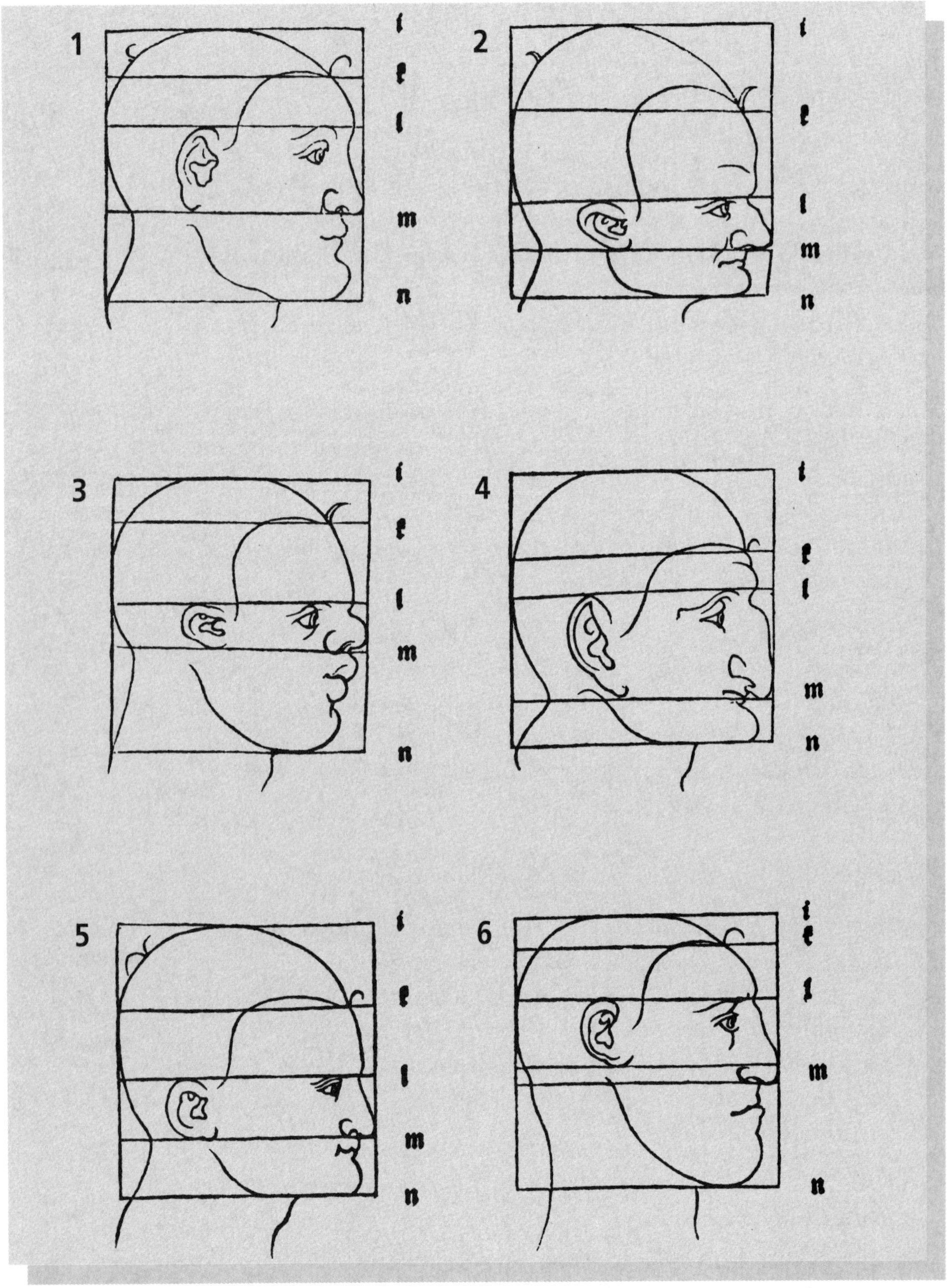
1
i
k
l
m
n
2
i
k
l
m
n
3
i
k
l
m
n
4
i
k
l
m
n
5
i
k
l
m
n
6
i
k
l
m
n

Personenbeschreibung

MacCool hat Recht!
Du musst (1.) die wirklich *typischen, charakteristischen Merkmale* seines Äußeren erkennen.
Und du musst (2.) diese Merkmale mit Wörtern ausdrücken.

Albrecht Dürer (1471–1528), wohl der größte deutsche Maler, hat sich immer wieder mit der vollkommenen Abbildung der Menschengestalt beschäftigt. Bei seinen Bemühungen sind auch die auf Seite 24 abgebildeten Zeichnungen verschiedener Gesichter entstanden, deren Eigenarten er bewusst überbetont hat.
Gesicht 1 könnte man beispielsweise so beschreiben:

Der Mann hat eine flache, zurückweichende Stirn. Die Nase ist verhältnismäßig groß, unten ist sie etwas nach vorn gebogen. Das Ohr ist groß, es liegt etwas schief am Kopf. Die Lippen sind fleischig, der Mund ist klein.
Das Kinn wölbt sich etwas nach vorn, der Unterkiefer ist sehr stark ausgebildet.
Gesamteindruck: das Gesicht eines Boxers.

▪ Aufgabe 1 ▪

Beschreibe ein anderes Gesicht von dem Studienblatt Albrecht Dürers. Lies deinen Aufsatz einem Freund, den Eltern, der Oma usw. vor und lass erraten, welches Gesicht du beschrieben hast.

(Wenn *alle* Zuhörer die richtige Nummer angeben, kannst du mit deiner Beschreibung zufrieden sein.)

Zwei Übungsthemen für eine Personenbeschreibung

▪ Aufgabe 2 ▪

Versuche das Gesicht einer wirklich lebenden Person zu beschreiben (Freunde, Geschwister, Eltern, Großeltern).
Lies deinen Aufsatz dann der beschriebenen Person vor und frage sie, ob sie sich darin wiedererkennt.

Personencharakteristik

Auf viele äußere Merkmale unserer Person haben wir keinen Einfluss: Geschlecht, Größe, Hautfarbe, Augenfarbe …
Andere Merkmale unseres Äußeren können wir beeinflussen: Frisur, Kleidung, Schuhe und die Art und Weise, wie wir uns verhalten.
Die Schülerinnen und Schüler einer 8. Klasse haben durch ihre Zeichnungen zu einem Gesicht aus der Zeitung dargestellt, welche Rückschlüsse Frisur und Kleidung auf den Charakter des Mädchens zulassen.

Sicher weißt du, dass bei solchen Rückschlüssen von Frisur und Kleidung auf Charaktermerkmale eine gewisse Vorsicht geboten ist. Denn es ist ja nicht gesagt, dass die Eigenschaften, die du zu erkennen glaubst, die (abgebildete oder wirkliche) Person auch tatsächlich „treffen".

■ Aufgabe 3 ■

Hast du Lust, selbst noch ein paar weitere Typen zu malen? – Versuche es hier auf der Seite; das Gesicht des Mädchens von Seite 100/101 ist noch einmal abgedruckt. Die Umrisslinien des Körpers sind nur angedeutet, so dass du deinen Charaktertyp frei gestalten kannst.

Schreibe zu deiner Zeichnung, welche *Persönlichkeitsmerkmale* du damit darstellen wolltest.

■ Aufgabe 4 ■

Die Schülerinnen und Schüler haben immer einige Charaktereigenschaften zu ihren Zeichnungen geschrieben. Wie wurden diese Eigenschaften ausgedrückt?

Zum Beispiel Zeichnung 4:
Brav, hört auf alles, was die Eltern sagen:
Bubikopffrisur, die heute nicht mehr modern ist, die aber dem Vater noch gefallen könnte.
Traditionelle, wenig schicke Bluse mit einem braven Kragen.
Altmodischer, kurzer Rock, so wie ihn auch die Mutter als Mädchen getragen haben könnte.
Dass sich das Mädchen wirklich so anziehen lässt, zeigt, dass sie brav und wenig selbstbewusst ist.

Suche dir eine andere Zeichnung aus und beschreibe sie entsprechend.

Wenn dir die Vorübungen bisher Spaß gemacht haben, werden dir auch die folgenden „richtigen Klassenaufsätze“ gelingen. Wir schreiben zunächst Aufsätze über Personen, die **ein** wichtiges Charaktermerkmal haben.

Beispiel: **Isabel ist eitel**

Thema für eine Personencharakteristik

Bevor du die Aufsätze auf den nächsten Seiten durchliest, mach dich zunächst mit dem Begriff *Eitelkeit* vertraut. Du kennst sicher Menschen, die eitel sind. Notiere, was dir so einfällt:

A. Was versteht man unter Eitelkeit?

____

____

____

____

____

____

B. Wie zeigt sich die Eitelkeit einer Person konkret in ihrem Leben?

____

____

____

____

____

____

____

____

Lösungen auf Seite 204

Aufsatz von Katharina Sch.:

Isabel ist eitel

Wer eitel ist, möchte schön sein und bewundert werden, wegen seiner körperlichen Schönheit (schicke Frisur, schöne Haut, schlanke Figur) und wegen der adretten Kleidung. So ist es auch mit Isabel.

Isabel gibt viel Geld beim Friseur aus. Sie lässt sich die Haare färben und liebt ausgefallene Frisuren, zum Beispiel auffällige Locken. Wer eitel ist, steht lange vor dem Spiegel, um sich kritisch anzusehen. Isabel würde hungern und ins Fitnesscenter gehen, nur um die Idealfigur zu erhalten. Sie widmet ihrem Gesicht besondere Aufmerksamkeit und benutzt Schminke und Schönheitscremes. Ein Pickel oder nur eine Rötung würde die eitle Isabel zur Verzweiflung bringen.

Sie kennt alle Boutiquen der Stadt und findet es wunderschön, den ganzen Nachmittag Kleidungsstücke anzuprobieren, bis etwas Extravagantes oder Modisches gefunden ist.

Wenn eitle Personen mit ihrem Aussehen zufrieden sind, stellen sie sich gern zur Schau. So auch Isabel. Im Café setzt sie sich so hin, dass alle Gäste sie sehen und bewundern können. In der Fußgängerzone freut sie sich über jeden Blick, den sie auf sich zieht. Bei Freunden und auf Feten sind ihr Komplimente über ihr Aussehen und ihre Kleidung sehr angenehm. Bewunderung durch andere ist eben das höchste Glück für einen eitlen Menschen.

Warum ist Isabel so eitel? Möglich ist, dass sie zu Hause von ihren Eltern zu wenig beachtet wird. Daher sucht sie Beachtung bei anderen. Sie möchte begehrenswert sein, das hebt ihr Selbstbewusstsein.

■ Aufgabe 5 ■

Die Schülerinnen und Schüler hatten für ihren Aufsatz ein Formblatt bekommen, um sich eine übersichtliche *Stoffsammlung* anzulegen.
Vergleiche Katharinas Stoffsammlung mit ihrem Aufsatz. Schreibe die roten Nummern neben der Stoffsammlung neben die entsprechenden Stellen des Aufsatzes. (Du wirst bemerken, dass Katharina die Reihenfolge geändert hat und dass ein Gesichtspunkt aus der Stoffsammlung im Aufsatz *nicht* vorkommt.)

Stoffsammlung

A. Was versteht man unter Eitelkeit?

– Wer eitel ist, möchte schön sein (Kosmetik, Kleidung) 1

und will bewundert werden. 2

– Die Bewunderung ist das höchste Glück. 3

– Isabel findet nicht genug Beachtung bei den Eltern. (?) 4

– Isabel ist „dumm", kann nicht durch Klugheit wirken. (?) 5

B. Wie zeigt sich Eitelkeit einer Person konkret in ihrem Leben?

1. auffällige Frisur, Haare färben, häufige Friseurbesuche 6

2. Sitzt vor dem Spiegel, Schminke. 7

3. modische Kleidung, Boutiquen, Kleiderschrank 8

4. Benimmt sich auffällig, um die Blicke auf sich zu ziehen. 9

5. Hungert, trainiert ..., um Idealfigur zu halten. 10

Aus einer anderen Klasse stammt der folgende Aufsatz. Auch Verena beschreibt ein eitles Mädchen.

Aufsatz von Verena W.:

Eine Ferienbekanntschaft

In den großen Ferien waren meine Eltern und ich auf der Nordseeinsel Borkum. Wir wohnten dort in einem kleinen Hotel mit Halbpension. Morgens und abends saßen wir mit einigen anderen Familien im Speiseraum.

Mir fiel am Tisch gegenüber ein Mädchen auf, das etwa in meinem Alter war und auffällig hübsch aussah. Besonders ihre Haare! Sie waren sehr lang, schimmerten rotbraun, weil sie gefärbt waren. Jede Strähne war in Korkenzieherlöckchen gedreht. Ich dachte: „Was macht sie wohl mit ihren schönen Haaren, wenn sie baden geht?“

Ich hätte sie gern zur Freundin gehabt. Es ergab sich die Gelegenheit, dass wir miteinander sprachen und uns verabredeten. Ich dachte, dass wir zum Strand gingen. Miriam, so heißt sie, hatte es aber nicht eilig. In der Fußgängerzone blieb sie vor allen Geschäften stehen, wo es Kleidung oder Kosmetik gab. Wir gingen auch in die Geschäfte und Miriam probierte mehrere Kleidungsstücke an. Sie war sehr wählerisch. In einer teuren Boutique, die ich allein nie betreten hätte, fand sie das Richtige: eine lange Hose aus Samt, mit Leder abgesetzt, für 220,– Mark. Zum Baden kamen wir an diesem Vormittag nicht mehr. Sie zeigte mir im Hotelzimmer andere schicke Kleidungsstücke, die sie gekauft oder mitgebracht hatte. Sie freute sich, wenn ich sie bewunderte. – Miriam war ungeheuer eitel. Ihre Schönheit war ihr das Wichtigste im Leben. Die tiefe Bräune ihrer Haut war nicht durch Sonne entstanden, sondern sie hatte sich mit Bräunungscreme eingerieben.

Ich merkte bald, dass ich mit Miriam keine richtige Freundschaft schließen konnte. Wenn ich ihre Schönheit bewunderte, war sie mit mir zufrieden, für andere Dinge hatte sie kein Interesse.

▪ Aufgabe 6 ▪

Du bemerkst, dass der Aufsatz von Verena viele inhaltliche Ähnlichkeiten mit dem Aufsatz von Katharina hat. Nur sind beide Texte ganz unterschiedlich gegliedert.

1. Unterstreiche mit einem Rotstift, wo Verena schreibt, was sie unter *Eitelkeit* versteht.
2. Schreibe in die Liste, wie sich die Eitelkeit von Miriam konkret in ihrem Zusammensein mit Verena zeigt.

1.

(Die Eitelkeit von Miriam zeigt sich an _____ konkreten Einzelheiten.)

Vergleiche deine Eintragungen mit den Lösungen auf Seite 204.

Du hast auf den letzten Seiten zwei Aufsätze gelesen, die von Personen handeln, die *eine hervorstechende Eigenschaft* haben. Was solltest du beachten, wenn du selbst solche Aufsätze schreibst?

Das Wichtigste in Kürze: Die Personencharakteristik

- Es ist sehr wichtig, dass du dir selbst und dem Leser klar machst, was man unter der **Eigenschaft** versteht. (Katharina hat sich schon bei der Stoffsammlung im Abschnitt A große Mühe gegeben, um zu erklären, was man unter Eitelkeit versteht.)

- Du solltest dir dann eine Liste anlegen und möglichst viele *Einzelheiten* aufschreiben, wie sich die hervorstechende Eigenschaft der Person im Leben äußert (Kleidung, Frisur – besonders das *Verhalten*).

- Für die *Gliederung* einer Personencharakteristik als Aufsatz gibt es mehrere Möglichkeiten:

  Katharina:

  1. Sie erklärt zunächst, was man unter der Charaktereigenschaft versteht, über die sie schreiben will.
  2. Sie nennt dann konkrete Einzelheiten aus dem Leben, durch die diese Eigenschaft deutlich wird.

  Verena:

  1. Sie lernt eine Person kennen und beschreibt ihr Aussehen und ihre Verhaltensweisen (über die sie sich zunächst nur wundert).
  2. Erst im letzten Viertel ihres Aufsatzes nennt sie die auffällige Charaktereigenschaft der beschriebenen Person.

Viele Schülerinnen und Schüler finden die Gliederung von Verena spannender. Was meinst du?

Übungsaufsätze

Eine Ferienbekanntschaft

Nimm dir den Aufsatz von Verena zum Vorbild und schreibe auch über eine Ferienbekanntschaft. **1. Thema für eine Personencharakteristik**

Vorschlag:

Es stellt sich heraus, dass der Junge/das Mädchen, den/das du kennen lernst, ein **typischer Angeber/eine Angeberin** ist.

Leitfragen für deine Stoffsammlung

- Was versteht man unter einem „Angeber“?
- Womit könnte der Junge/das Mädchen angeben?
- Wie bekommst du heraus, dass das alles nicht stimmt, sondern nur Angeberei ist?

■ Mein neuer Banknachbar ■

2. Thema für eine Personen-charakteristik

In deinem Aufsatz erzählst du, dass in deiner früheren Schule der Lehrer einen neuen Schüler/eine neue Schülerin neben dich gesetzt hat. Zunächst fandest du den Neuen/die Neue sympathisch. Dann stellte sich aber nach und nach heraus, dass er/sie ein **typischer Streber** (eine typische Stritze) war.

- Was versteht man unter einem „Streber“?
  (Verwende den Begriff *„Ehrgeiz“*. Der Streber zeigt übertriebenen Ehrgeiz. Dem Streber geht es nicht nur „um die Sache“, sondern er will immer bessere Noten haben als …)
- Wie zeigt sich im Verhalten, dass der Schüler ein Streber war?
  (Beschreibe konkrete Vorkommnisse, zum Beispiel bei Klassenarbeiten, Hausarbeiten …)
- Warum findest du diesen Schüler/diese Schülerin schließlich gar nicht mehr sympathisch?

Eine Stoffsammlung für den Aufsatz findest du auf Seite 205.

Ein anderer Themenvorschlag

Dieselbe Situation: Du schreibst auch bei dieser Übung über einen neuen Banknachbarn.

Du bekommst heraus, dass er/sie ein/e **Pferdenarr/-närrin** ist. Er/Sie interessiert sich nur für Pferde, für nichts anderes, und verbringt die ganze Freizeit im Stall und mit Reiten.

(Du interessierst dich auch für andere Dinge und hast im Grunde ein wenig Angst vor Pferden.)

Die umfassende Personencharakteristik

Die meisten Menschen haben *nicht nur eine* hervorstechende Eigenschaft, sondern *mehrere* für sie typische Persönlichkeitsmerkmale. Wenn ich zum Beispiel die wichtigsten guten Eigenschaften meiner Tochter Silke nennen sollte, dann wären das:

Sie hat sicherlich noch manch andere gute Eigenschaften. Bei einem Klassenaufsatz würdest du aber nicht die Zeit haben, *alle* Eigenschaften einer Person zu beschreiben. Beschränke dich deshalb auf die *typischen* und zeige, wie sie sich im täglichen Leben äußern. In eine solche Beschreibung fließen nicht nur *Beobachtungen* und *Eindrücke,* sondern auch *persönliche Einstellungen* mit ein. Der Inhalt deines Aufsatzes wird dem Leser zeigen, in welcher *Beziehung* du zu der beschriebenen Person stehst.

Denk dran: Auf die typischen Eigenschaften kommt es an!

Fragen zum Aufsatz auf Seite 38

Wenn du den Aufsatz von Andreas auf der nächsten Seite liest, achte auch auf Folgendes:

1. Wie wird der Aufsatz eingeleitet? (Zeile 1–2)
2. Worüber schreibt Andreas im ersten Teil? (Zeile 3–10)
3. Worüber schreibt er im zweiten Teil? (Zeile 11–35)

Die Antworten findest du auf Seite 114.

Aufsatz von Andreas F.:

Ein Mitschüler

Mein Banknachbar Stephan ist 14 Jahre alt. Er wohnt in derselben Straße wie ich. Er hat lange blonde Haare. Seine blauen Augen blicken freundlich. Sein Gesicht ist voller Pubertätspickel. Einerseits leidet Stephan darunter, andererseits tut er nichts dagegen, wie er auch sonst wenig Wert auf sein Äußeres legt. Er trägt T-Shirts mit Aufdruck, Jeans und alte Turnschuhe, die er sehr bequem findet. Stephan ist ziemlich groß, vor allem hat er lange Beine. Wegen seiner Größe verschafft er sich bei allen Mitschülern Respekt.

Viele Schüler aus unserer Klasse lieben das Fach Sport, er jedoch nicht. Sport interessiert ihn überhaupt nicht. Beim Laufen und beim Fußballspielen fühlt er sich schnell müde. Er gibt es zwar nicht zu, aber man merkt, dass er sich körperlich nicht zu sehr anstrengen mag. Ganz anders ist es mit dem Computer. Er kann stundenlang sehr konzentriert vor dem Gerät sitzen. Unsere Deutschlehrerin hat er vor einiger Zeit verblüfft, als er einen Lesebuchtext mit vielen Schriften neu gestaltet hat. – Stephan ist ziemlich verschlossen. Er redet nicht viel, weder mit mir, noch mit den anderen, noch mit den Lehrern. Er kann jedoch schimpfen und schreien, wenn er glaubt, dass er selbst oder jemand anders ungerecht behandelt wird. Einmal hat unsere Mathelehrerin in meinem Arbeitsheft einen Fehler falsch angestrichen. Stephan hat bei dieser Gelegenheit so lange geredet, argumentiert und geschimpft, bis meine Zensur geändert wurde. Dafür bin ich ihm sehr dankbar, denn ich selbst hätte wohl kaum den Mut gehabt, mich in dieser Weise gegen unsere Lehrerin durchzusetzen.

Andreas hatte für seinen Aufsatz ein Formblatt bekommen und sich eine *Stoffsammlung* angelegt. Besonders übersichtlich ist, dass er für jeden Abschnitt eine andere Farbe verwendet hat: Blau, Grün, Rot.

Stoffsammlung: Ein Mitschüler

Junge ☒ Mädchen ☐

Name: Stephan

Alter: 14 Jahre

Auffällige äußerliche Merkmale:	Hinweise auf den Charakter:	
– lange, blonde Haare		1
– blaue Augen	freundlich	2
– Pubertätspickel	legt wenig Wert auf sein Äußeres	3
– T-Shirts, Jeans,	"	
alte Turnschuhe	"	
– groß	verschafft sich Respekt	4

Verhalten der Person:	Hinweise auf den Charakter:	
– Ist beim Laufen und beim Fußballspiel schnell müde.	kein Interesse für Sport	5
– Sitzt stundenlang vor dem Computer. Hat Lesebuchtext neu gestaltet.	liebt den Computer	6
– Redet nicht viel.	verschlossen	7
– Ist für einen Mitschüler eingetreten, als ein Fehler falsch angestrichen worden ist.	verabscheut Ungerechtigkeit	8

Vergleiche den Aufsatz mit der Stoffsammlung. Schreibe die roten Nummern neben die entsprechenden Stellen des Aufsatzes. Unterstreiche dann die entsprechenden Stellen im Aufsatz mit einem grünen und einem roten Stift.

Du erwartest jetzt sicherlich die Antworten auf die Fragen von Seite 111. Die folgende Übersicht sagt dir auch, worauf es bei der umfassenden Personencharakteristik ankommt.

Das Wichtigste in Kürze: Die umfassende Personencharakteristik

- Wie leitet Andreas seinen Aufsatz ein?
  In den Zeilen 1 und 2 nennt Andreas den **Namen** der Person und ihr **Alter**. Er deutet an, wo die Person **wohnt**. In diesem Abschnitt könnte man auch erwähnen, in welchem **Verwandtschaftsverhältnis** man zu der Person steht (… mein Onkel, meine Oma, meine Schwester) und welchen **Beruf** die Person ausübt.

- Im zweiten Abschnitt (Zeile 3–10) spricht Andreas über das **Aussehen** der Person und zieht daraus, wenn möglich, Schlüsse auf ihre Persönlichkeit.

- Im dritten Abschnitt (Zeile 11–35) beschreibt Andreas **Vorlieben** und typische **Verhaltensweisen** der Person und zieht daraus Rückschlüsse auf ihren Charakter.

- Daraus ergibt sich folgende *Gliederung:*

1. Wer wird beschrieben? (Personalien)

Wie sieht die Person aus? Mit Rückschlüssen auf ihren Charakter.

Wie verhält sich die Person? Mit Rückschlüssen auf ihren Charakter.

Übungsaufsätze

Sehr häufig werden bei Klassenarbeiten Themen gestellt, in denen es um Personen geht, die jeder Schüler sehr gut kennt.

▪ Mein Bruder/Meine Schwester ▪

▪ Mein Opa/Meine Oma ▪

▪ Mein bester Freund/Meine beste Freundin ▪

Ein Aufsatz zum dritten Thema steht auf Seite 135.

Deinen Aufsatz zum dritten Thema könntest du so anfangen:

Meine beste Freundin heißt Kerstin. Sie ist 14 Jahre alt, etwa 1,60 m groß und geht in dieselbe Klasse wie ich …

Vorschlag für den Beginn deines Aufsatzes

Möglicher Schluss:

… seitdem weiß ich, dass Kerstin wirklich meine beste Freundin ist.

Vorschlag für das Aufsatzende

Es gibt junge Menschen, die haben ein *außergewöhnliches Lebensschicksal* hinter sich, das sie in besonderer Weise „geprägt“ hat.

Peter, ein typisches Einzelkind

Stelle mal fest, wie viele Schülerinnen und Schüler in deiner Klasse Einzelkinder sind. Wer von euch hat mehrere Geschwister? Verhalten sich Einzelkinder anders als Jugendliche, die Geschwister haben?

Eine Stoffsammlung findest du auf Seite 205.

Der Dichter *Eduard Mörike* (1804–1875) war ein Einzelkind. Im folgenden Gedicht erfährst du, zu welcher Erkenntnis er gelangt ist.

Eduard Mörike

Selbstgeständnis 39

Ich bin meiner Mutter einzig Kind,
Und weil die andern ausblieben sind
– Was weiß ich wieviel, die sechs oder sieben –,
Ist eben alles an mir hängen blieben!
Ich hab müssen die Liebe, die Treue, die Güte
Für ein ganz halb Dutzend allein aufessen,
Ich will's mein Lebtag nicht vergessen.
Es hätte mir aber noch wohl mögen *frommen,*
Hätt ich auch Schläge für Sechse bekommen!

frommen: nutzen

Fatmas Eltern stammen aus der Türkei

Gibt es in deiner Klasse Schülerinnen oder Schüler, deren Eltern Ausländer oder Aussiedler sind? Schreibe eine Personencharakteristik über solch einen Mitschüler.

Sehr interessant sind Aufsätze über Personen, die sich in einer *außergewöhnlichen Situation* befinden. In solchen Situationen zeigen viele Personen ihren „wahren" Charakter.

Peter – während unserer Klassenfahrt

Im Unterricht mag Peter ein unauffälliger Schüler sein. Während der Klassenfahrt ist das jedoch ganz anders.
Positiv: Sorgt für gute Stimmung – kann Gitarre spielen – hat gute Ideen für den Abend …
Negativ: Ist unpünktlich – kritisiert das Essen – will immer seinen Kopf durchsetzen.

Dominique – meine Austauschschülerin

Habt ihr schon mal eine französische (englische, italienische) Austauschschülerin bei euch zu Hause aufgenommen? Dann hast du den ausländischen Gast bestimmt ganz genau beobachtet. So dürfte es dir nicht schwer fallen, deine Eindrücke von ihr (oder ihm) wiederzugeben.

Ein Aufsatz zu diesem Thema steht auf Seite 205.

Meine Schwester – während ihres Abschlussballs

Wie zieht sich deine Schwester für den Abschlussball oder für eine Party an? Wie verhält sie sich während der Fete?
(Ich habe schon sehr lustige Aufsätze zu diesem Thema gelesen!)

Besuch bei einem Mitschüler – im Krankenhaus

Im Krankenhaus verändern sich viele Menschen sehr, nicht nur in ihrem Aussehen, sondern auch in ihrem Verhalten. Hast du das auch schon beobachtet?

Einen Aufsatz zu diesem Thema findest du auf Seite 206.

Ich stelle mich selbst vor

Bist du schon als Austauschschüler im Ausland, zum Beispiel in Frankreich, gewesen? Hast du einen ausländischen Briefpartner? Um den Austausch oder den Briefwechsel vorzubereiten, stellt man sich in einem Brief selbst vor. So hat es auch der französische Schüler getan. Sein Brief ist hier originalgetreu wiedergegeben.
Schreib deinen Vorstellungsbrief auf Deutsch. Er darf durchaus länger sein als der Brief von Charles.

14. Mai 1995

20 rue de la petite
Brosse Log^t 16
72220 Ecommoy
43 ~ 42 ~ 43 ~ 30

Lieber ...?

Ich heiße Coulon Charles, ich bin 13 Jahre alt, ich bin einsfünfundvierzig groß. Ich habe zwei Schwestern und ein Bruder. Meine Schwestern, Marie und Elisabeth, sind 20 und 15 jahre alt. Mein Bruder, Edouard, ist 24 Jahre alt. Mein Lieblingsfächer sind "Math und sport"!
Ich spiele auch Gitare, Mein Hobby ist "Karate".

Wie alt bist du? Kannst du Französisch? Hast du Geschwister? Spielst du auch ein Instrument und Sport?

Tschüs, bis bald!

Charles

Es ist mich*

* Charles meint natürlich: Das bin ich.

Charakteristik einer literarischen Person

Wenzel Strapinski

Vielleicht habt ihr auch die Novelle *„Kleider machen Leute“* von Gottfried Keller gelesen. Über den Schneider Wenzel Strapinski kann man eine sehr interessante Personencharakteristik schreiben, dazu reichen schon die ersten beiden Abschnitte:

An einem unfreundlichen Novembertage wanderte ein armes Schneiderlein auf der Landstraße nach *Goldach,* einer kleinen, reichen Stadt, die nur wenige Stunden von Seldwyla entfernt ist. Der Schneider trug in seiner Tasche nichts als einen Fingerhut, welchen er, in Ermangelung irgendeiner Münze, unablässig zwischen den Fingern drehte, wenn er der Kälte wegen die Hände in die Hosen steckte, und die Finger schmerzten ihm ordentlich von diesem Drehen und Reiben, denn er hatte wegen des *Fallimentes* irgendeines Seldwyler Schneidermeisters seinen Arbeitslohn mit der Arbeit zugleich verlieren und auswandern müssen. Er hatte noch nichts gefrühstückt als einige Schneeflocken, die ihm in den Mund geflogen, und er sah noch weniger ab, wo das geringste Mittagsbrot herwachsen sollte. Das *Fechten* fiel ihm äußerst schwer, ja schien ihm gänzlich unmöglich, weil er über seinem schwarzen Sonntagskleide, welches sein einziges war, einen weiten dunkelgrauen Radmantel trug, mit schwarzem *Samt* ausgeschlagen, der seinem Träger ein edles und romantisches Aussehen verlieh, zumal dessen lange, schwarze Haare und Schnurrbärtchen sorgfältig gepflegt waren und er sich blasser, aber regelmäßiger Gesichtszüge erfreute.
Solcher *Habitus* war ihm zum Bedürfnis geworden, ohne dass er etwas Schlimmes oder Betrügerisches dabei im Schilde führte; vielmehr war er zufrieden, wenn man ihn nur gewähren und im Stillen seine Arbeit verrichten ließ; aber lieber wäre er verhungert, als dass er sich von seinem Radmantel und von seiner polnischen Pelzmütze getrennt hätte, die er ebenfalls mit großem Anstand zu tragen wusste.

Goldach: Stadt in der Schweiz

Falliment: Bankrott, Zahlungsunfähigkeit

Fechten: (hier:) betteln

Samt: wertvoller, weicher Stoff

Habitus: Kleidung, äußere Erscheinung

Einige Hilfen und Anregungen für deinen Übungsaufsatz:

- ❓ Du bemerkst, dass ein merkwürdiger Gegensatz für diesen Schneider charakteristisch ist. Kannst du den Gegensatz nennen?
- ❓ Auffällig ist seine äußere Erscheinung. Wie wirken seine Kleidung, seine Haare, seine Gesichtszüge?
- ❓ In welchen finanziellen Verhältnissen befindet sich der Schneider? Wie erklären sie sich? Welche Folgen haben sie?

Stoffsammlung auf Seite 206

Charakterisierung einer berühmten Persönlichkeit durch einen Schriftsteller

▪ Kapitän Cook ▪

Viele Jugendliche interessieren sich für das Leben und die Taten der großen Entdecker, wie Marco Polo, Kolumbus, Vasco da Gama, James Cook …
Wer waren diese Leute? Georg Christoph Lichtenberg, ein bedeutender Schriftsteller des 18. Jahrhunderts, gibt uns eine Personencharakteristik des Kapitäns Cook.
James Cook lebte von 1728 bis 1779. Er unternahm im Auftrag der britischen Admiralität drei große Forschungsreisen in den Pazifischen Ozean und entdeckte unter anderem die Ostküste Australiens und erforschte Neuseeland. Er kam auf Hawaii ums Leben.

Georg Christoph Lichtenberg

Kapitän Cook

Cook war ein dürrer, hagerer Mann, von breiten Schultern, starkem, gesundem Knochenbau und wenigstens fünf *Fuß* elf Zoll bis sechs Fuß lang. Er ging, wie alle Seefahrer von beträchtlicher Leibeslänge, stark gebückt, um nicht an die Kajütendecke zu stoßen. An seinem Gange, zumal wenn er geschwind gehen wollte, erkannte man noch immer den gemeinen Matrosen; er war *lang gespalten* und daher seine Schritte, selbst im Vergleich mit seinem Körper, groß. Ein *Physiognome* würde hierin den Mann erkannt haben, der geboren war, den Erdkreis zu umwandeln. Die Stirnhöhlen und Augenbrauen waren groß und stark, die Nase lang und dick und seine grauen und kleinen Augen scharf blickend, aber nicht lebhaft. Die hohen *Jochbeine* und die daher entstehende Form der Backen gaben ihm ein etwas schottisches Ansehen. Der herrschende Charakter seines Gesichts aber war ein finsteres, störrisches, zurückhaltendes Wesen, dessen Ausdruck durch die überhängende Oberlippe sehr verstärkt wurde. In den mannigfaltigen *Brüchen* desselben erkannte man nicht undeutlich den Mann von früher Anstrengung und Erfahrung, der viele Hindernisse und viel Elend überstanden, der der Schmied seines eigenen Glückes

Fuß: altes Längenmaß (25–43 cm)

lang gespalten: hatte lange Beine

Physiognome: Deuter der äußeren Erscheinung eines Menschen

Jochbein: Backenknochen

Brüche: (hier:) Falten

war und bei dieser heißen Arbeit oft was Redliches geschwitzt haben mag; alles dieses war endlich bei ihm stark mit Zügen des despotischen Schiffskapitäns *verwebt,* der bei dem mindesten Versehen eines Matrosen mit dem Fuße stampft und dann den Donner seiner *Segensformeln* bis hinunter in die Pulverkammer erschallen lässt.

verwebt: verbunden

Segensformeln: (ironisch gemeint:) Flüche

Sein Haar war *strack* und hellbraun; in seiner Jugend soll es rot gewesen sein, wovon aber keine Spur mehr übrig war. In seinem Gesichte war er nicht so schwarz und verbrannt, als man von seiner Lebensart hätte erwarten sollen, wovon wohl seine natürlich bleiche Farbe die Ursache war.

strack: straff, streng, zurückgekämmt

James Cook, Weltumsegler und Entdecker (Gemälde von Nathaniel Dance)

In seinem Umgange war er nicht der angenehmste Mann. Feinheit, *Artigkeit, Witz* und eine gewisse Kultur, die nötig sind, in Gesellschaft zu gefallen, fehlten ihm gänzlich. Er war meistens in einer Art von mürrischer Zurückhaltung wie vergraben. Man hat ihn auf einer Reise von drei Jahren ein einziges Mal für sich singen und einmal pfeifen gehört. Was in seinem Gemüte damals vorgegangen sein mag, weiß man nicht, bei einer außerordentlichen Gelegenheit wenigstens ist es nicht geschehen. Er konnte mit vier Personen auf dem Schiffe tagelang umgehen, frühstücken, zu Mittag speisen und zu Abend Punsch trinken, ohne mehr als guten Morgen zu sagen und seine gewöhnlichen *Gesundheiten:* Der König – *Lord Sandwich* – Die Marine – und gute Freunde aller Orten, auszubringen. Allein sonnabends abends, wenn er sonst die ganze Woche nicht gesprochen hatte, pflegte er sich wenigstens bei dem ersten Glase Punsch, welches mit der Erinnerung: Saturday night ausgeleert ward, zu erheitern. Saturday night ist nämlich bei den englischen Matrosen das Losungswort, sich an ihre zurückgelassenen Weiber und Liebchen zu erinnern, und es vergisst niemand, vom Schiffsjungen bis zum Kapitän, alsdann sein Glas zu ihrem Andenken zu trinken.

Artigkeit: (hier:) Höflichkeit

Witz: (hier:) Geist

Gesundheiten: auf die Gesundheit trinken

Lord Sandwich: englischer Admiral

Kühle: kühler Kopf, Kaltblütigkeit

fragweise: auf seine Frage

die Hitze übernahm ihn: er reagierte hitzig

sich gehoben hatte: sich emporgearbeitet hatte

In Gefahren hatte er beides, Vorsicht und Mut, nur will man oft nicht genug entschlossene *Kühle* an ihm bemerkt haben. Er stampfte und tobte und folgte dann oft dem *fragweise* gegebenen, obgleich sich selbst widersprechenden Rate seiner Offiziere. Oft übernahm ihn auch die *Hitze.*

Arbeitsam war er im höchsten Grade und in allem, was er unternahm, beharrlich bis zum Eigensinn. Ehrgeiz und Begierde nach Glück und Reichtum (so sollte man wohl den Geiz nennen, wenn er bei so vieler wahrer Ehrbegierde steht) waren wohl die Haupttriebfedern seiner Handlungen; es konnte auch nicht fehlen; die Art, wie er *sich gehoben hatte,* nämlich bloß durch eigenes Verdienst auf einer Laufbahn, wo er lange sich genötigt sah, sparsam zu leben, musste endlich den Hang bei ihm bewirken, einen etwas zu hohen Wert auf das Geld zu setzen. Seiner Witwe, welcher man eine Pension von 1200 Talern jährlich verwilligt hat, hinterlässt er ein Vermögen von fast 70 000 Talern.

Aufgabe:

Analysiere diese umfassende Personencharakteristik des Kapitäns Cook. Verwende dazu die Übersicht auf der nächsten Seite. Übertrage sie in dein Übungsheft und fülle die einzelnen Rubriken sorgfältig aus.

Analyse einer Personencharakteristik

Auffällige äußerliche Merkmale (Zeile 1–32):	**Hinweise auf den Charakter:**
1. Körperbau:	
______________________	______________________
______________________	______________________
______________________	______________________
______________________	______________________
2. Haltung, Art zu gehen:	
______________________	______________________
______________________	______________________
3. Gesicht, Haare:	
______________________	______________________
______________________	______________________
______________________	______________________
______________________	______________________
Verhalten:	
4. Umgangsformen (Zeile 33–60):	
______________________	______________________
______________________	______________________
______________________	______________________
______________________	______________________
5. Verhalten bei Gefahr (Zeile 61–64):	
______________________	______________________
______________________	______________________
______________________	______________________
6. Verhältnis zum Geld (Zeile 65–73):	
______________________	______________________
______________________	______________________
______________________	______________________
______________________	______________________

Ein ausgefülltes Formblatt findest du auf Seite 207.

■ Finde den treffenden Ausdruck ■

Die folgenden Zitate stammen aus Aufsätzen zum Thema *„Mein bester Freund/Meine beste Freundin“*.

Du weißt, dass man im Aufsatz nicht die schlechte Umgangssprache verwenden soll, sondern nur die *Schriftsprache.* Unterstreiche die Ausdrücke, die zur Umgangssprache gehören und formuliere die Sätze um:

Lösungen auf Seite 208

1. *Jan war an diesem Tag schlecht drauf.* (R. R.)

____

2. *Als die Jungen auf mich losgehen wollten, kam mir Jan zu Hilfe und warf sich auf einen der Typen.* (P. L.)

____

____

3. *Meine Freundin war sehr nervös, aber richtig ausgerastet ist sie nicht.* (A. B.)

____

____

4. *Sie wollte immer cool wirken.* (M. K.)

____

5. *Mein Bruder kennt sich ganz toll mit Tieren aus.* (Y. T.)

____

6. *Mein Opa ist ein richtiger Scherzkeks, er hat immer einen Spaß auf Lager und legt mich andauernd rein.* (Y. T.)

____

____

7. *Alle diskutierten eifrig, auch mein kleiner Bruder gab dann noch seinen Senf dazu.* (T. Ü.)

8. *Meine Freundin liest unheimlich gern.* (K. Sch.)

9. *Unsere Lehrerin teilte uns mit, dass wir am nächsten Tag schulfrei hätten. Mein Freund und ich waren total überrascht.* (D. K.)

10. *Ein paar Wochen später schrieben wir eine Englischarbeit. Ich haute sie total daneben. Mein Freund ist ziemlich gut in Englisch.* (M. F.)

11. *Meine Freundin ist zur verabredeten Zeit nicht bei mir aufgetaucht.* (V. L.)

12. *Wenn mein kleiner Bruder uns mit seinen Fragen beim Spielen unterbricht, nervt das ganz schön.* (M. N.)

Testaufgaben

Lies die beiden Aufsätze zum Thema „*Eine Ferienbekanntschaft*“ durch. Überlege dir, welche Zensuren für die Aufsätze angemessen wären.

1. Aufsatz

Aufsatz von Rabea L.:

In den Sommerferien fuhr ich mit meinen Großeltern in die Eifel. Nach einer Woche reiste ein Ehepaar mit einem Jungen an.

Er fiel mir auf, weil er hübsch war. Große, braune Augen und dunkles Haar. Da er nicht sehr groß war, schätzte ich ihn 2 Jahre jünger. Es war ja Sommer, daher trug er eine normale kurze Hose und ein T-Shirt. Seinen Namen habe ich nie herausbekommen. Draußen spielte er viel Federball und Fußball. Was er gut konnte. Im Hotel waren noch zwei Mädchen, mit denen er zusammen war. Einmal ging ich allein auf unser Zimmer. Kurz darauf klopften die drei an der Tür. Er fragte mich, ob ich mit an den See käme. Ich sagte ab. Als sie gingen, fragte er mich noch nach meinem Namen und dem Alter. Das wunderte mich, weil er sonst wenig sagte.

Am nächsten Tag fuhren wir wieder ab. Er wäre ein guter Kumpel gewesen, da er immer freundlich und hilfsbereit war. Lachte viel und half, wo er konnte.

2. Aufsatz

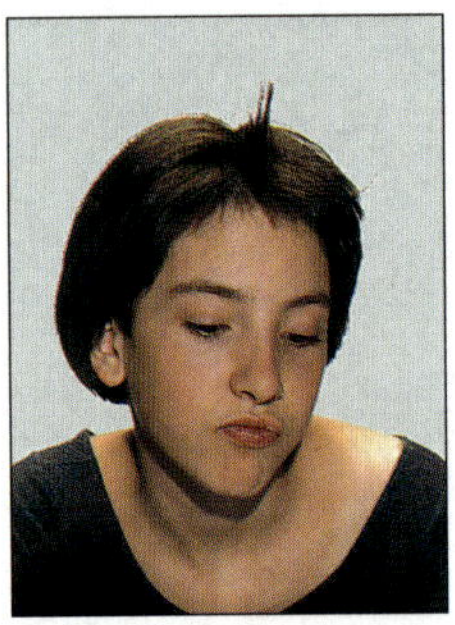

Aufsatz von Beate Sch.:

In den großen Ferien waren meine Eltern, meine Schwester und ich im Sauerland. Wir wohnten dort in einer Familienferienstätte, wo viele Familien waren. Morgens, mittags und abends saßen wir mit allen Familien im Speiseraum. Dort fiel mir gleich am ersten Tag ein Mädchen auf. Sie hatte lange, blonde Haare, eine Brille und hieß Stephanie. Mir fiel besonders auf, dass sie sehr doll geschminkt war. Nach dem Essen habe ich sie dann einfach mal angesprochen.

Sie gefiel mir auf Anhieb gut und so verabredeten wir uns für den anderen Tag, an dem eine Wanderung angesetzt war. Auf der Wanderung haben wir uns erst auch super verstanden, weil wir merkten, dass wir viele Gemeinsamkeiten hatten. Wir haben uns dann wieder verabredet, um gemeinsam zum Minigolf zu gehen. Pünktlich war ich dann am anderen Morgen bei ihr, aber sie war nicht da. Ich war ziemlich enttäuscht und als ich sie am Abend daraufhin ansprach, sagte sie nur, dass sie die Verabredung vergessen habe. Aber entschuldigt hat sie sich nicht. Wir haben uns für den nächsten Tag verabredet, aber kurz vorher sagte sie mir, dass sie doch keine Zeit habe. Also bin ich allein zum Minigolf gegangen. Ein paar Tage später hat sie mich noch einmal gefragt. Doch diesmal sagte ich, dass ich keine Zeit habe. Ich bin einfach weggegangen.

Klar, wenn ich nach ihrer Nase tanzte, war ich gut genug, aber wenn ich mal etwas wollte, sagte sie, dass sie keine Zeit habe. Sie hat mir zum Schluss ihre Adresse gegeben, aber geschrieben habe ich ihr nicht.

Die Bewertung der beiden Aufsätze

Prüfsteine für deine Benotung

Wenn du angemessene Zensuren finden willst, berücksichtige
- den Inhalt und
- die Ausdrucksweise

der beiden Aufsätze.
(Die vielen Fehler in den Aufsätzen habe ich bereits korrigiert.)
Eine Tabelle für deine Bewertung findest du auf der nächsten Seite.

Zensurenbereich	Namen der Schülerinnen
„sehr gut", „gut"	
„befriedigend", „ausreichend"	
„mangelhaft"	

Nenne deine wichtigsten *Kritikpunkte* bei der Bewertung des Aufsatzes von Rabea:

Nenne deine wichtigsten *Kritikpunkte* bei der Bewertung des Aufsatzes von Beate:

Analyse der beiden Aufsätze

Zensuren müssen eingehend *begründet* werden. Ich schlage vor, dass wir die beiden Aufsätze noch einmal Satz für Satz durchgehen und dann den Gesamteindruck beschreiben.

Analyse des ersten Aufsatzes

Aufsatz von Rabea L.:

1. *... weil er hübsch war.* – Das ist keine Personenbeschreibung, sondern

2. *... schätzte ich ihn 2 Jahre jünger.* – Was soll „jünger" bedeuten?

3. *Es war ja Sommer ...* – Vergleiche mit Zeile 1 des Aufsatzes. Das ist eine überflüssige ______.

4. *… daher trug er eine normale kurze Hose und ein T-Shirt.* – Dieser Hinweis ist _______________, weil alle Jungen im Sommer eine kurze Hose und ein T-Shirt tragen.

5. *Draußen spielte er viel Federball und Fußball. Was er gut konnte.* – Der Satzbau ist ungeschickt. Verbessere den Satzbau:

____

6. *Im Hotel waren noch zwei Mädchen, mit denen er zusammen war.* – Kann man daraus Schlüsse auf den Charakter des Jungen ziehen?

____

7. *Er fragte mich, ob ich mit an den See käme. Ich sagte ab.* – Wenn man das liest, möchte man wissen, _______________________.

8. *Als sie gingen, fragte er mich noch nach meinem Namen und dem Alter.* – Eigentlich ist das nichts Außergewöhnliches oder wird dadurch ein für den Jungen typisches Charaktermerkmal ausgedrückt? _______________

9. *Er wäre ein guter Kumpel gewesen …* – Dieses Wort ist umgangssprachlich, es sollte ersetzt werden durch _______________.

10. *Er wäre ein guter Kumpel gewesen, da er immer freundlich und hilfsbereit war. Lachte viel und half, wo er konnte.*
Dieser Schluss ist sehr überraschend. Warum?

____

____

11. *… und half, wo er konnte.* – Wir hätten gern konkrete Beispiele erfahren. Wie könnte sich die Hilfsbereitschaft zum Beispiel zeigen?

____

12. Zum Schluss werden wirklich einige Charaktermerkmale des Jungen genannt. Es sind:

Lösungen auf Seite 208

____

Diese Charaktermerkmale
- ☐ ergeben sich aus dem Aufsatz.
- ☐ ergeben sich nicht aus dem Aufsatz.

Analyse des zweiten Aufsatzes

Aufsatz von Beate Sch.:

1. *Wir wohnten dort in einer Familienferienstätte, wo viele Familien waren.* – Wer soll sonst in einer „Familienferienstätte" wohnen, wenn nicht Familien? Der Nebensatz, der mit „... *wo*" anfängt, sollte ______________________ werden.

2. *Mir fiel besonders auf, dass sie sehr doll geschminkt war.* – „Doll" ist nicht nur schlechte Umgangssprache, sondern auch sehr ungenau! Man könnte genau sagen, welche Teile ihres Gesichts sie geschminkt hat, welche Farben sie verwendet hat. Dann könnten wir uns Stephanie wirklich vorstellen. Probiere mal, einige genaue Einzelheiten aufzuschreiben. (Verwende dafür das Bild am Rand.)

____

____

____

3. *Nach dem Essen habe ich sie dann einfach mal angesprochen.* – In diesem Satz könnte man drei Wörter weglassen, ohne dass der Satz unklar wird. Kannst du sagen, welche Wörter es sind?

____

4. *Sie gefiel mir auf Anhieb gut.* – Hier sind zwei Punkte kritikwürdig:

a) Bei einer Personencharakteristik kommt es nicht auf mein Urteil an. Ob mir jemand gefällt, ist kein Charaktermerkmal der Person!

b) „... auf Anhieb" klingt umgangssprachlich. Angemessen wäre im Aufsatz der Ausdruck ______________________.

5. *Wir haben uns erst auch super verstanden.* –

a) In diesem Satz gibt es wiederum ein „Füllwort", das man weglassen kann, ohne dass sich der Sinn des Satzes ändert. Es ist ______________________.

b) „super" ist genau wie „doll" umgangssprachlich und vor allem ungenau und unanschaulich. Wie sollen wir uns vorstellen, was es wirklich bedeutet, wenn sie sich „super" verstanden haben? Notwendig ist, dass Einzelheiten erzählt werden, aus denen man das gute Verhältnis ablesen kann.

6. *Ich bin dann allein zum Minigolf gegangen.* – Dieser Satz sollte weggelassen werden. Kannst du sagen warum?

____

____

(Denke daran, dass das Thema des Aufsatzes eine Personencharakteristik ist!)

7. *Klar, wenn ich nach ihrer Nase tanzte …* – Solch einen Satz solltest du auf gar keinen Fall in deinen Aufsätzen schreiben! Warum nicht?

Lösungen auf Seite 208

____

____

____

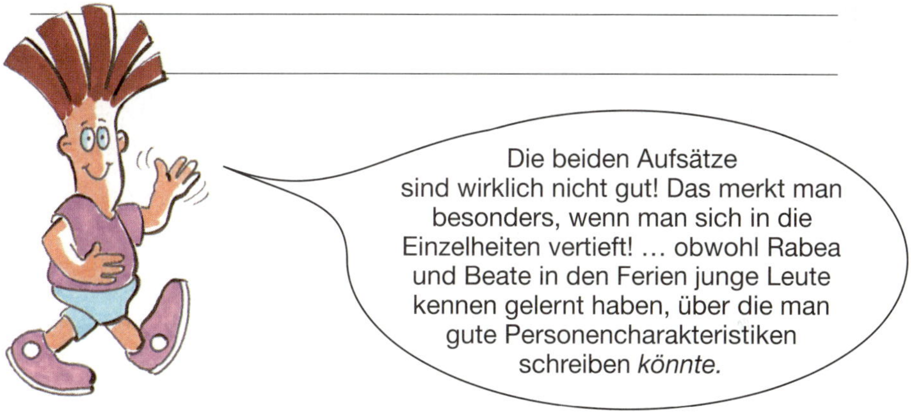

Die wichtigsten Kritikpunkte auf einen Blick:

- Beide Schülerinnen charakterisieren *viel zu wenig* die Personen, die sie in den Ferien kennen gelernt haben.
- Rabea bemerkt diesen Mangel und fügt am Ende ihres Aufsatzes noch einige Charaktermerkmale an, *die sich jedoch nicht aus dem Aufsatz ergeben.*
- Beate beschreibt eigentlich nur ihren Ärger, den sie mit ihrer Ferienbekanntschaft gehabt hat.

MacCool hat Recht!

WAS IST PASSIERT?

Der Bericht

Zu diesem Foto stand in der Zeitung ein kurzer Bericht:

Ein Zeitungsbericht ...

24-Jähriger erlitt schwere Verletzungen

Ein schwerer Verkehrsunfall ereignete sich am Freitagmorgen gegen 9 Uhr in Neustadt, Wetzlarer Straße. Ein 24-jähriger Frankfurter kam in seinem Volkswagen Golf aus Wetzlar und fuhr in Richtung Butzbach. In einer lang gezogenen Kurve kam er aus bisher ungeklärter Ursache mit seinem Wagen ins Schleudern und prallte seitlich mit voller Wucht gegen einen Baum. Das Auto erlitt Totalschaden. Der Fahrer trug sehr schwere Verletzungen davon und wurde mit dem Notarztwagen ins Wetzlarer Bonifatius-Krankenhaus eingeliefert. Auch die Feuerwehren aus Wetzlar und Butzbach waren im Einsatz.

Aufgabe

... und seine Analyse

Werte diesen Zeitungsbericht aus. Verwende dazu die Übersicht auf der Nebenseite.

Analyse eines Berichts

Analyse eines Berichts	
Worüber wird berichtet? *Über einen Verkehrsunfall*	**Was?**
Wann ist es passiert? __________	**Wann?**
Wo haben die Ereignisse stattgefunden? __________	**Wo?**
Wer sind die wichtigsten Personen? ■ Name: __________ ■ Alter: __________ ■ Geschlecht: __________ ■ Wohnort: __________ ■ Sonstige Angaben zu den Personen: __________	**Die beteiligten Personen**
Verlauf der Ereignisse: **1.** __________ **2.** __________ **3.** __________ Ergebnis: __________	**Ereignisse** **Lösungen auf Seite 209**

Den Bericht kennst du bereits aus den früheren Klassen. Erinnerst du dich, was bei dieser Aufsatzform zu beachten ist? (Was und wie wird berichtet? Erzählzeit, Gliederung ...)

Das Wichtigste in Kürze: Der Bericht

- In einem Bericht werden nur **tatsächlich vorgefallene Ereignisse** mitgeteilt.

- Die wichtigsten Einzelheiten werden in der **richtigen Reihenfolge** mitgeteilt.

- Ein Bericht sollte **sachlich/objektiv** sein.
  Es wird *nicht* erzählt, was die Personen gedacht und gefühlt haben. Du zeigst beim Bericht auch keine eigenen Gefühle, zum Beispiel Mitleid, Freude ..., und hältst dich mit der eigenen Meinung oder deiner persönlichen Stellungnahme zurück.

- Der Bericht steht in der **Vergangenheit** (Perfekt, Präteritum).

- Gliedere deinen Bericht in folgende Hauptabschnitte:

  1. Worüber willst du berichten?
  Wann und wo ist das passiert?
  Wer sind die wichtigsten Personen?

  2. Wie sind die Ereignisse abgelaufen?
  Was passierte zunächst?
  Was passierte dann?
  Was war das „Ergebnis"?

Umformung

Der folgende Aufsatz von Iris ist *kein* Bericht! Lies den Text durch, anschließend formst du ihn zu einem Bericht um. Weitere Einzelheiten zu dieser Aufgabe erfährst du auf der nächsten Seite.

Aufsatz von Iris G.:

Meine beste Freundin

Ich bin sicher, dass Andrea meine beste Freundin ist.

Andrea ist 13 Jahre alt. Sie wohnt in Wetzlar. Sie geht in eine achte Klasse der Realschule. Andrea hat kurze, braune Haare und grüne Augen. Wir sind nachmittags oft zusammen, beim Schwimmen, beim Reiten, sogar bei den Schularbeiten. Eines Tages passierte etwas, was mir bewies, dass ich mich auf Andrea verlassen kann.

Nachmittags sind wir beide in die Stadt gegangen. Sie wollte ein Weihnachtsgeschenk für ihre Eltern kaufen. Vor einem Geschäft sagte sie: „Ich gehe eben mal in dieses Geschäft und gucke, ob es dort ein gutes Geschenk gibt." „Ich warte hier!", antwortete ich. Während Andrea im Geschäft war, schaute ich mir in dem Schaufenster die Auslagen an.

Auf einmal kamen drei Jungen von hinten. Einer hielt mir den Mund zu. Sie zogen mich in die Burggasse. Ich wollte mich mit Gewalt befreien, aber das ging nicht. Die Jungen waren ungefähr 17 Jahre alt und hielten mich alle fest. Also konnte ich mich nicht befreien.

Ich hörte Andrea schreien: „Iris, wo bist du?" Ich biss in die Hand des einen Jungen, der mir diese vor den Mund hielt. Endlich konnte ich laut schreien: „Hilfe, Andrea, hilf mir!" Sie hörte mich und kam in die Gasse. Sie schrie die Jungen an: „Lasst Iris in Ruhe, sonst knall' ich euch eine!" Ein Junge grinste: „Hau bloß ab, du kleine Kröte!"

Aber Andrea ließ nicht locker. Sie nahm einen Stock und schlug ihm auf den Kopf. Er sank bewusstlos zu Boden. Die anderen beiden Jungen ließen mich los. Andrea fragte mich, ob mir etwas passiert sei. Aber bei mir war alles in Ordnung.

Wir ließen die Jungen stehen und gingen schnell weg. Als ich mich langsam von dem Schock erholt hatte, aßen wir an einer Bude eine Bratwurst. Am Abend liefen wir fröhlich nach Hause. Ich hatte bald alles vergessen. Nur eines werde ich nicht vergessen – dass meine Freundin Andrea mir hilft, wenn ich in Schwierigkeiten bin.

Ich setze den Fall, dass Iris verletzt worden wäre und dass Andrea oder Passanten die Polizei gerufen hätten. Dann hätte die Polizei einen Bericht schreiben müssen.

So wird aus dem Aufsatz von Iris ein Bericht.

1. Unterstreiche mit Rotstift alle Textstellen in dem Aufsatz von Iris, die in den Bericht gehört hätten.

2. Welche zusätzlichen Informationen hätte die Polizei für ihren Bericht noch benötigt?

3. Trage zunächst alle Informationen für den Polizeibericht in die Übersicht auf der Nebenseite ein.

4. Schreibe dann selbst den Bericht. Orientiere dich dabei an deiner Stoffsammlung. Wenn du unsicher bist, dann lies noch einmal die Hinweise auf Seite 60 durch.

Stoffsammlung für den Polizeibericht

Worüber wird berichtet? ______________________ **Was?**

Wann ist es passiert? ______________________ **Wann?**

Wo haben die Ereignisse stattgefunden? ______________________ **Wo?**

Wer sind die wichtigsten Personen? **Die beteiligten Personen**

- Name: ______________________
- Alter: ______________________
- Geschlecht: ______________________
- Wohnort: ______________________
- Sonstige Angaben zu den Personen: ______________________

Verlauf der Ereignisse: **Ereignisse**

1. ______________________
2. ______________________
3. ______________________
4. ______________________
5. ______________________
6. ______________________

Ergebnis: ______________________

Beachte: Es können sechs Abschnitte unterschieden werden.

Lösungen auf Seite 209

Ein Verkehrsunfall

Peter war auf dem Weg zur Schule und wurde Zeuge eines Verkehrsunfalls. Der verunglückte Junge ist der Bruder eines Freundes von Peter. Zunächst hatte dieser Junge Peter gerufen. Als er nicht sofort reagierte, ist der Junge auf die Straße gelaufen.

Peter hat den Unfall dann ganz genau beobachtet und für die Polizei eine Skizze angefertigt.

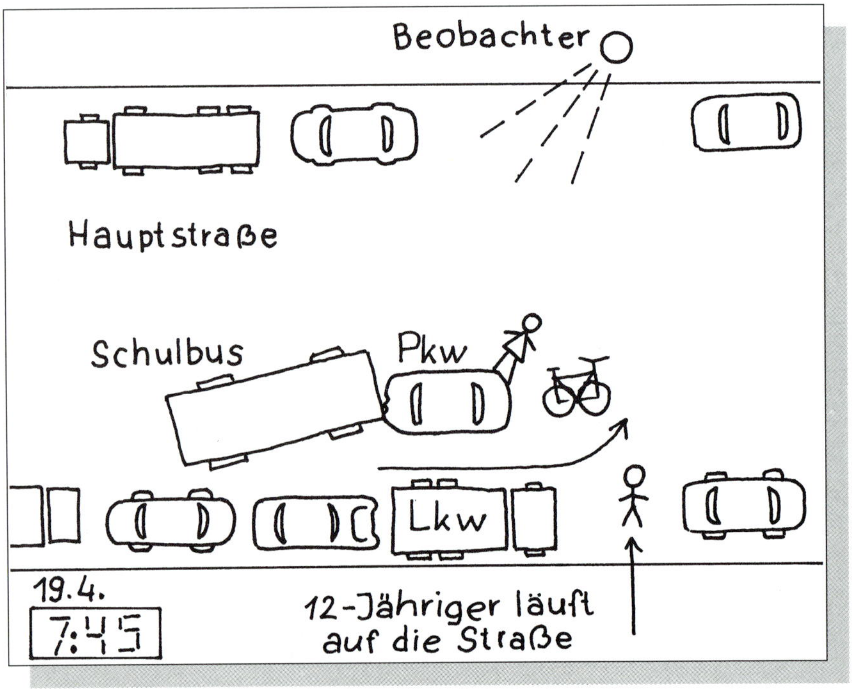

Aufgaben:

1. Werte die Skizze für einen Bericht aus.
2. Schreibe die Ergebnisse in die Übersicht auf der Nebenseite.

Stoffsammlung/Auswertung der Skizze

Worüber wird berichtet? ______________________ **Was?**

Wann ist es passiert? ______________________ **Wann?**

Wo haben die Ereignisse stattgefunden? ______________________ **Wo?**

Wer sind die wichtigsten Personen? **Die beteiligten Personen**

- Name: ______________________
- Alter: ______________________
- Geschlecht: ______________________
- Wohnort: ______________________
- Sonstige Angaben zu den Personen: ______________________

Verlauf der Ereignisse:

1. ______________________

2. ______________________

3. ______________________

Ergebnis: ______________________

Diebinnen fielen Detektiv auf

Lörrach. Zwei junge Frauen, die sich am Donnerstagmittag als Taschendiebinnen versuchten, fielen einem Kaufhausdetektiv auf. Die Vorgehensweise war immer die gleiche: Eine Frau bedrängte ein Opfer – gerade wenn die Betreffende mit der Kleiderauswahl beschäftigt war –, ihre Komplizin versuchte, die Handtasche zu öffnen. Nachdem der Detektiv, so die Polizei, mehrere Diebstahlversuche beobachtet hatte, sprach er die Mädchen an und nahm sie mit zur Polizeiwache. Die 16-Jährige und die 17-Jährige wohnen mit ihren Familien auf dem Campingplatz in Freiburg.

Bericht eines Detektivs

Auf der Nebenseite findest du Materialien für den Bericht eines Kaufhausdetektivs, der zwei junge Frauen als Taschendiebinnen gestellt hat.
Der *Zeitungsartikel* geht auf eine Meldung der Polizei zurück, die die Beobachtungen des Detektivs zu Protokoll genommen hat.

1. Fertige zunächst eine *Stoffsammlung* an (wie auf Seite 137).

2. Verfasse dann den Bericht. (Da du in die Rolle des Detektivs schlüpfst, schreibst du deinen Aufsatz in der Ich-Form.)

Backen mit Oma

Viele Omas können etwas, was ihre Enkelkinder sehr schätzen, wozu die berufstätigen Mütter von heute aber oft keine Zeit mehr haben: köstliche Kekse backen.

Claudia war den Nachmittag über bei ihrer Oma. Am Abend wird sie von ihrer Mutter gefragt, was sie bei Oma gemacht hat.

„Wir haben englische Kekse gebacken: Brownys …“ – Natürlich möchte die Mutter wissen, wie man Brownys backt.

1. Lies das Rezept auf der nächsten Seite aufmerksam durch. Während des Aufsatzschreibens darfst du aber **nicht mehr** im Rezept nachsehen, sondern du musst dich auf deine Erinnerung verlassen – genau wie Claudia.

2. So kannst du den Aufsatz beginnen:
   Oma und ich haben englische Kekse gebacken: Brownys. Zunächst hat Oma 4 Eier und 350 g Zucker schaumig gerührt. Ich habe Schokolade in kleine Stückchen gebrochen und in 4 Esslöffeln Wasser geschmolzen …

Brownys

Für etwa 60 Stück

Für den Teig:
4 Eier, 350 g Zucker
400 g Vollmilchschokolade
100 g Butter
150 g geriebene Walnüsse

Zum Verzieren:
200 g Kuvertüre
60 Walnusskernhälften

Kuvertüre: Überzugsmasse aus Schokolade für Gebäck und Kuchen

1. Die Eier zusammen mit dem Zucker schaumig rühren. So lange rühren, bis sich der Zucker vollständig aufgelöst hat und die Masse sehr cremig ist.

2. Die Schokolade in kleine Stückchen brechen. Zusammen mit 4 Esslöffeln Wasser schmelzen lassen.

3. Die Butter dazugeben und unter Rühren darin schmelzen. Die Schokoladenmasse zur Eicreme geben. Das Mehl dazusieben und zusammen mit den Walnüssen darunterziehen.

4. Ein Backblech mit Backpapier belegen. Den Teig auf das Blech geben, glatt streichen und im Ofen 18 bis 20 Minuten backen. Aus dem Ofen nehmen und noch heiß in 3,5 cm große Quadrate schneiden.

5. Die Kuvertüre auflösen. Die Brownys damit überziehen und jeweils mit einer Walnusshälfte verzieren.

Bericht über ein Experiment

Du hast in einem Buch über ein Experiment gelesen, das der berühmte italienische Physiker Alessandro Volta (1745–1827) vor rund 200 Jahren durchgeführt hat. Du kannst diesen Versuch ohne großen Aufwand wiederholen.

Ein „schockierender" Trick

Du benötigst:

- 4 Zweipfennigstücke
- 4 Fünfzigpfennigstücke
- 7 kleine Stücke Küchenkrepp (ca. 3 x 3 cm)
- Zitronensaft

Wie du den Versuch durchführst:

1. Befeuchte die sieben Kreppstückchen mit ausgepresstem Zitronensaft.

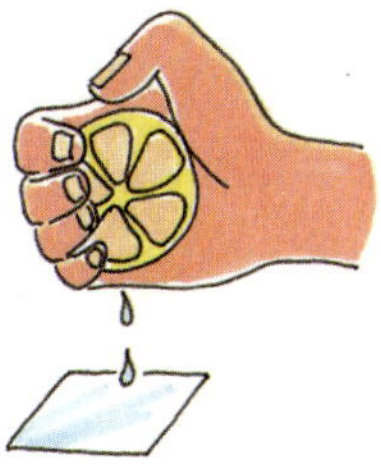

2. Staple die Fünfziger- und Zweiermünzen abwechselnd übereinander und lege jeweils eines der befeuchteten Krepp-Papiere dazwischen.

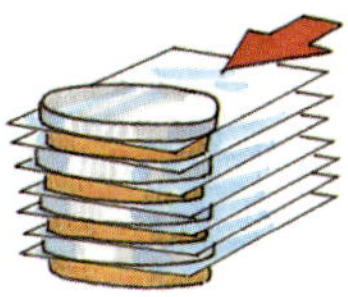

3. Befeuchte nun deine beiden Zeigefingerspitzen und halte den Münzstapel hoch. – Du spürst sicher ein Kribbeln oder einen leichten Schlag in den Fingerspitzen.

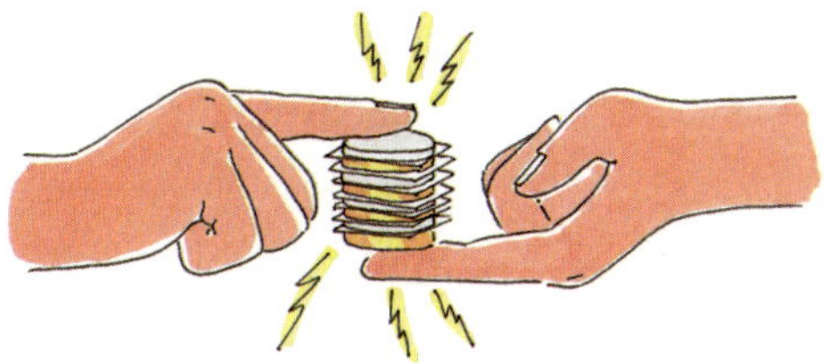

Erklärung:
Bei deinem Versuch hast du eine „Voltasche Säule" (benannt nach dem Physiker Volta) gebaut. Diese Säule liefert elektrischen Strom, da die im Zitronensaft enthaltene Säure die Spannung zwischen den unterschiedlichen Metallen der Münzen weiterleitet. Viele Batterien von heute funktionieren nach diesem Prinzip; sie enthalten zwei verschiedene Metalle, die in einer Strom leitenden Flüssigkeit (meist eine starke Säure) liegen.

Du hast das Experiment gemacht und berichtest darüber deinem Freund.

Du kannst den Aufsatz so beginnen:

Ich habe mit ein paar Münzen, Zitronensaft und etwas Küchenpapier Strom erzeugt. Wie das funktioniert? Zuerst habe ich ...

Vorschlag für den Beginn deines Aufsatzes

Finde den treffenden Ausdruck

Die folgenden Zitate stammen aus Berichten über einen Verkehrsunfall (siehe Seite 146):

1. *Ein tragischer Unfall ereignete sich gestern gegen 20 Uhr.* (O. F.)
   Ein Wort passt nicht in einen sachlichen Bericht: ____________________

2. *Eine Schülerin fuhr auf die Hafenstraße, ohne zu gucken.* (N. O.)
   Die Schülerin war doch nicht blind. Was meint der Berichtende wirklich?

   ____

   ____

3. *… als um 20.05 Uhr ein Unfall im Polizeirevier einging.* (L. V.)
   In Wirklichkeit geht kein „Unfall" ein, sondern ____________________

   ____

4. *Die Radfahrerin wurde von einem herannahenden Pkw schwer verletzt.* (M. K.)
   Das ist unmöglich, weil der Pkw erst „naht"! Richtig muß es heißen:

   ____

   ____

5. *Die Radfahrerin fuhr rücksichtslos auf die Straße.* (H. N.)
   Das Wort „rücksichtslos" passt nicht. Was ist wirklich gemeint?

   ____

6. *Es war regnerisch und dunkel und die Sehverhältnisse waren sehr schlecht.* (Y. T.)
   In diesem Satz steht ein Wort, das es im Deutschen gar nicht gibt. Wie muss es richtig heißen? ____________________

   ____

7. *Der Lkw konnte auf der nassen Straße nicht so schnell zum Stand kommen …* (M. P.)
   Eine Formulierung gibt es im Deutschen nicht. Wie muss es richtig heißen? ____________________

8. *Die Radfahrerin hatte Glück, dass der Autofahrer eine so gute Reaktion hatte.* (N. M.)
Er hat keine „Reaktion“, sondern ____________________

9. *Doch der Pkw hatte das Mädchen schon erwischt.* (A. T.)
Ein Wort gehört zur Umgangssprache: ____________________

Wie muss es besser heißen? ____________________

10. *Sie musste später mit schweren Verletzungen ins Hospital eingefahren werden.* (M. H.)
Wie heißt die Formulierung richtig? ____________________

____

11. *Der Unfall hat sich am 2. 12. ca. gegen 20 Uhr ereignet.* (N. N.)
Hier muß ein Wort gestrichen werden: ____________________

12. *Ein Lkw, der hinter dem Pkw fuhr, fuhr auf das Auto auf.* (B. S.)
Dieser Satz enthält zwei Ungeschicklichkeiten. Formuliere ihn um:

____

____

13. *Der Krankenwagen kam sehr spät, weil die ganze Straße mit Gaffern voll stand.* (S. P.)
Die Straße kann nicht „stehen“! Richtig lautet der Satz: ____________________

____

14. *Es passierte, was passieren musste!* (L. V.)
Auf solche Redensarten solltest du im Bericht verzichten, weil sie nichts aussagen.

Lösungen auf Seite 210

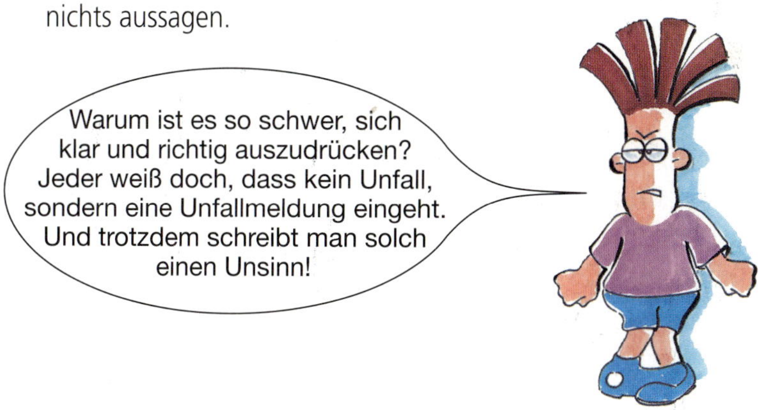

Testaufgaben

Die folgenden Berichte über einen Verkehrsunfall wurden nach dieser Skizze geschrieben.

Leitfragen für die Stoffsammlung

Sieh dir zunächst die Skizze genau an:

- Welche Verkehrsteilnehmer sind an dem Unfall beteiligt?
- Wer ist schuld?
- Wo und wann hat der Unfall stattgefunden?
- Welche Schäden/Verletzungen sind wahrscheinlich entstanden?
- Wo steht der Beobachter? Konnte er alles gut mitbekommen?

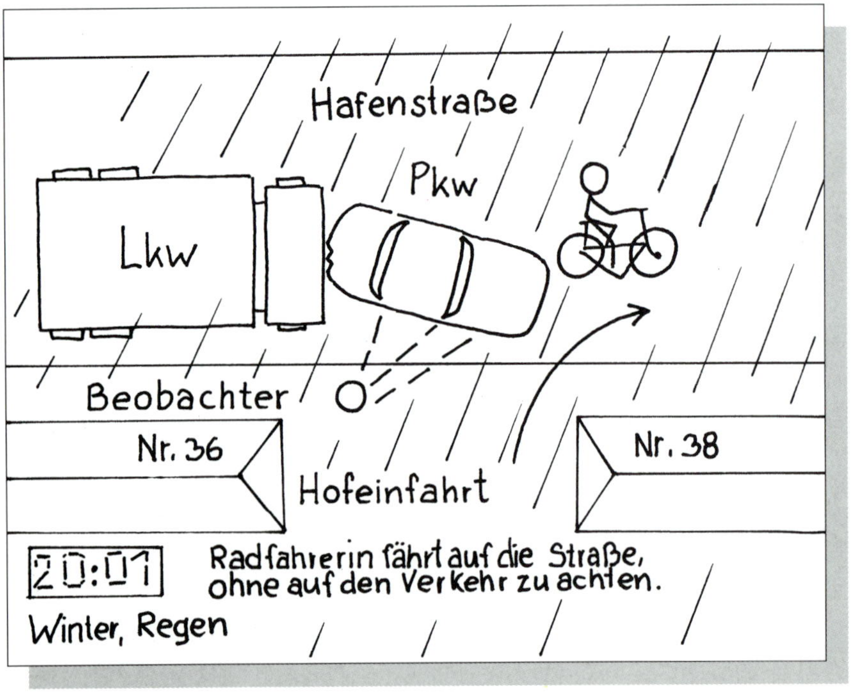

Lies die drei Berichte durch. Prüfe, ob die Verfasser die Regeln für diese Aufsatzform beachtet haben. Versuche dann, die Texte zu benoten.
Hierzu ein Tipp: Ein Bericht ist *gut* gelungen, ein anderer *befriedigend/ausreichend,* ein weiterer ist *mangelhaft.*

Aufsatz von Hanna G.:

Gestern Abend stand ich um 20 Uhr auf der Hafenstraße und habe auf meine Freundin gewartet. Ich war total durchnässt, weil es regnete. Auf einmal kam neben mir ein Mädchen auf seinem Fahrrad aus einer Einfahrt herausgefahren. Es fuhr, ohne nach links und rechts zu schauen und ohne Licht auf die Straße. Ein Auto bremste, weil es das Mädchen sonst überfahren hätte. Ein Lkw, der hinter dem Auto war, konnte nicht rechtzeitig bremsen und fuhr auf den Pkw auf. Der Autofahrer wurde zwischen seinem Lenkrad und dem Sitz eingeklemmt. Das Mädchen fuhr weiter, ohne dass es bemerkte, dass es eigentlich die Schuldige war.

Ein Mann, der neben mir auf den Bus wartete, rief mit seinem Handy die Polizei und den Krankenwagen an. 5 Minuten später trafen sie ein und der Krankenwagen nahm die Verletzten mit. Ich erzählte dem Polizeibeamten, was ich gesehen hatte. Etwas später kamen zwei Abschleppwagen, die die Fahrzeuge abtransportierten.

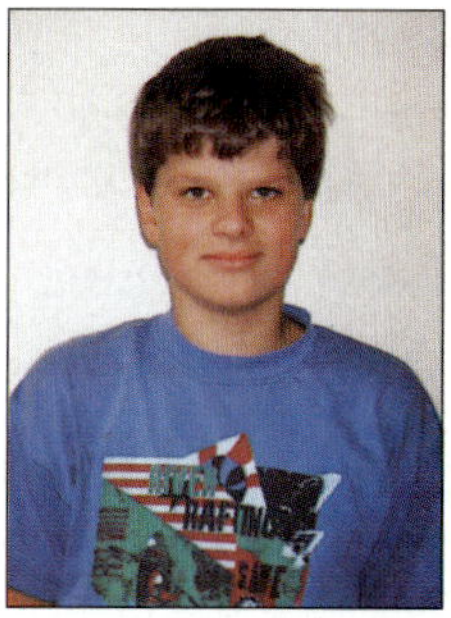

Aufsatz von Jörg K.:

Am Mittwoch, dem 23. 1., ereignete sich gegen 20 Uhr auf der Hafenstraße ein schwerer Unfall. Beteiligt waren eine Fahrradfahrerin, ein Pkw und ein schwerer Lkw.

Der Unfall geschah, als eine Radfahrerin aus einem Hinterhof auf die Straße fuhr, ohne nach links und rechts zu sehen. Da es zu diesem Zeitpunkt gerade sehr stark regnete, sah ein Autofahrer das Mädchen auf dem Fahrrad zu spät und konnte nicht mehr rechtzeitig bremsen, so

dass die Radfahrerin stürzte. Ich sah das Mädchen vor dem Auto liegen, doch es wurde kurze Zeit später von dem Auto überrollt, weil ein schwerer Lastwagen auf den Pkw auffuhr.
Ein Passant lief sofort ins nächste Haus, um per Telefon den Notarzt zu rufen. Nach einer Weile kam der Krankenwagen, der den Pkw-Fahrer mitnahm. Dem Mädchen konnte allerdings nicht mehr geholfen werden, weil es seinen schweren Verletzungen noch an der Unfallstelle erlag.

Aufsatz Timo M.:

Am 1. 12. passierte in der Hafenstraße ein Unfall. Ein Augenzeuge berichtet:
„Ich wollte auf die andere Straßenseite gehen, um zur Tankstelle zu gelangen. Plötzlich passierte es! Ein weißer Mercedes-Benz, dessen Autonummer ich mir nicht merken konnte, fuhr mit hoher Geschwindigkeit die Straße entlang. Wie aus dem „Nichts“ tauchte dann aus einer Seitenstraße, wobei ich sagen muss, dass sie sich leichtsinnig verhalten hat, eine Radfahrerin auf. Der Mercedesfahrer, dicht gefolgt von einem großen Sattelschlepper (Kfz-Teile/-Bedarf), musste scharf bremsen, sonst hätte er das junge Mädchen (15) angefahren. Bei der Geschwindigkeit hätte das den Tod für sie bedeutet. Der Lkw-Fahrer hinter dem Autofahrer musste auch alle Bremsen ziehen. Leider schaffte er es nicht mehr, den Lastwagen rechtzeitig zu stoppen. Der Lkw prallte mit hoher Geschwindigkeit auf den Mercedes. Es war ein Riesenknall! Der Mercedes hatte Totalschaden. Die Radfahrerin, die meiner Meinung nach schuld war, konnte mit einer leichten Prellung am Knöchel davonkommen, denn der Mercedes rammte sie nur schwach.

Ich alarmierte sofort den Rettungsdienst, der auch schon wenige Minuten nach dem Unfall eintraf. In diesen wenigen Minuten, in denen der Krankenwagen unterwegs war, versuchten der Lkw-Fahrer und ich, dem Autofahrer erste Hilfe zu leisten. Leider vergeblich.

Er muss mit dem Kopf gegen das Steuer geprallt sein, denn laut Krankenbericht und Zeitungsmeldung starb er an einem schweren Schädeltrauma. Die Versicherung der Eltern des Mädchens bezahlte den Schaden, jedoch beschloss das Gericht, dem Mädchen vier Wochen Verkehrserziehung zu geben, damit so etwas in Zukunft nicht passiert.

Du hast sicher bemerkt, wie verschieden die Aufsätze sind. Die Bewertung dürfte dir also nicht schwer fallen. Schreibe die Namen der Schülerin und der beiden Schüler in die entsprechenden Zeilen.

Name	Beurteilung	Zensur
	Sachlich, vollständig, gut formuliert.	I/II
	Im Ganzen richtig. Einige Sätze sind für einen Bericht unpassend.	III/IV
	Mehrere Sätze gehören nicht in einen Bericht. Manches kann der Beobachter eigentlich nicht wissen. Sehr viele Ausdrucksmängel. (Unterstreiche die Stellen im Aufsatz!)	V

Lösungen auf Seite 210

WAS STEHT IN DEM TEXT?

Die Inhaltsangabe

Sind Inhaltsangaben keine richtigen Aufsätze?

Vielen Schülerinnen und Schülern machen Inhaltsangaben zunächst überhaupt keinen Spaß. Geht es dir auch so? – Eine meiner Schülerinnen meinte einmal: „Inhaltsangaben sind überhaupt keine *richtigen* Aufsätze! Bei Inhaltsangaben braucht man keine Phantasie, keine guten Einfälle, kein Erzähltalent … Warum soll ich noch einmal hinschreiben, was in der Textvorlage auch schon steht?“ Hier irrte sich die Schülerin!

Welche Anforderungen stellt diese Aufsatzform?

Inhaltsangaben fordern von dir, dass du schnell und richtig erfasst, worum es in einem Text geht: Um welches Thema? Welche Einzelheiten sind wichtig, welche weniger wichtig? Und wenn du alles richtig verstanden hast, sollst du die Ergebnisse klar und treffend mit eigenen Worten formulieren. Glaube nicht, dass das eine einfache oder langweilige Aufgabe ist; sie stellt aber andere Anforderungen als viele der Aufsätze, die du bisher geschrieben hast.

In deinen Schilderungen, Erlebnis- und Phantasieerzählungen hast du, wie ein genialer Maler, tolle Bilder gemalt.

Bei der Inhaltsangabe siehst du, wie ein Wissenschaftler, durch ein Mikroskop. Was kannst du erkennen? Wie kannst du es beschreiben und deuten?

Du wirst schnell verstehen, wie man Inhaltsangaben schreibt, wenn du dir die beiden *Modellaufsätze* auf Seite 78 und 81 aufmerksam durchliest. Doch lies zunächst einmal den Brief, den ein Zeitungsleser an die Redaktion geschickt hat.

Ein Leserbrief als Textvorlage

Der Leser hat das Wort

Die Leserbriefe stellen die persönliche Meinung des Einsenders dar. Textkürzungen behalten wir uns vor. (Die Redaktion)

Erziehungsgeld

Betr.: Die Fußgängerzone

1. Abschnitt

1 Seit vielen Jahren hat es die Stadt nicht geschafft, den Markt und die Bahnhofstraße zu einer echten Fußgängerzone zu machen. Diese Bereiche sind zwar als Fußgängerzonen ausgewiesen, doch man könnte sie getrost auch als Radfahrerzonen bezeichnen, in denen die Bürger nur als lästiges Fußvolk im Wege sind. Nicht nur Frauen und Kleinkinder ängstigen sich auf dem Markt, wenn Radfahrer, ja selbst Mopedfahrer in Schlangenlinien sich frech die Durchfahrt erzwingen, sogar an Markttagen.

2. Abschnitt

2 Wozu erlässt die Stadt ein Fahrverbot für Radfahrer, wenn sie nicht in der Lage ist, ihre Anordnung auch nur annähernd durchzusetzen? Mahnzettel zu verteilen – wie das zur Zeit in Wetzlar geschieht –, ist nutzlos vertane Zeit. Die höhnisch fortgeworfenen Zettel würden nur noch mehr unseren reizvollen Marktplatz verschandeln, wo ohnehin schon genug Müll (Dosen, Papier) herumliegt. Da hilft einzig und allein der Griff in den Geldbeutel: Wer in der Fußgängerzone Rad fährt, bezahlt radikal DM 20,–, oder es wird das Fahrrad als Pfand einbehalten. Das wäre ein Erziehungsgeld, das wirkt!

Wolfgang M., Fichtenstraße 14, Siegen

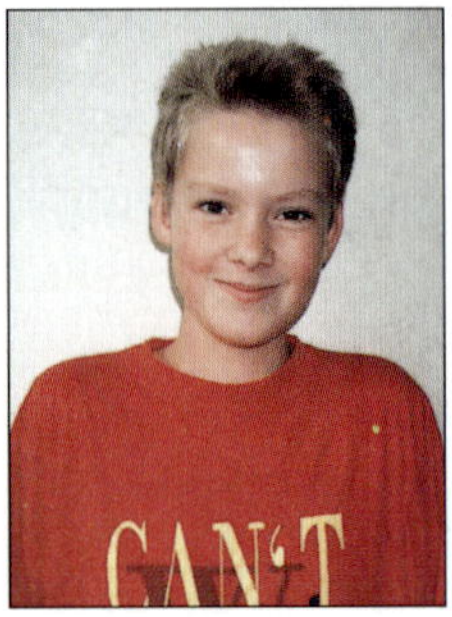

Inhaltsangabe von Michael Sch.:

In einem Leserbrief mit der Überschrift „Erziehungsgeld“ schreibt Herr Wolfgang M. über das Radfahren in der Fußgängerzone.
Sein Leserbrief gliedert sich in zwei Abschnitte.
Im ersten Abschnitt (Zeile 1–9) beschwert sich Herr M., dass die Stadt das Fahrverbot für Radfahrer in der Fußgängerzone nicht durchsetzt. Die Fußgängerzonen sind in Wirklichkeit „Radfahrerzonen“ geworden. Radfahrer erzwingen sich die Durchfahrt. Die Fußgänger, besonders Frauen und Kleinkinder, sind verängstigt.
Im zweiten Abschnitt macht sich Herr M. Gedanken, welche Maß-OOnahmen man gegen die Radfahrer in den Fußgängerzonen ergreifen sollte. Er berichtet, dass in Wetzlar an die Radfahrer Mahnzettel verteilt wurden. Diese Maßnahme ist völlig nutzlos. Die Mahnzettel werden weggeworfen und liegen als Müll auf dem Marktplatz.
Herr M. spricht sich für Geldstrafen aus. Jeder Radfahrer in der Fußgängerzone sollte DM 20,– als Strafe zahlen, das wäre ein wirksames „Erziehungsgeld“.

Beurteilung von Michaels Aufsatz

Wie findest du Michaels Aufsatz? Nach meiner Einschätzung hat er eine vorbildliche Inhaltsangabe geschrieben. Die *Sinnabschnitte* werden genau und richtig angegeben; er beschränkt sich auf die *wesentlichen Einzelheiten;* der Stil ist *sachlich;* der Aufsatz steht im *Präsens.* Anfangs nennt Michael die *Textsorte* (Leserbrief) und gibt das *Thema* des Textes an.
Es lohnt sich also, dass du dich noch einmal in diese Inhaltsangabe vertiefst. (Siehe die folgende Aufgabe.)

▪ Aufgabe 1 ▪

Vergleiche die Stoffsammlung auf der Nebenseite mit der Inhaltsangabe von Michael. Neben der Stoffsammlung stehen Zahlen, schreibe sie neben die entsprechenden Stellen des Aufsatzes.

Stoffsammlung für eine Inhaltsangabe

Überschrift des Textes: Erziehungsgeld

Verfasser: Wolfgang M.

Textsorte: Leserbrief

Quelle des Textes: eine Zeitung (Name nicht genannt)

Thema des ganzen Textes: Radfahren in der Fußgängerzone 1

Zahl der Sinnabschnitte: 2 2

1. Sinnabschnitt von Zeile 1 bis 9

Worum geht es? Stadt setzt das Fahrverbot in der Fußgängerzone nicht durch.

Wichtige Einzelheiten: Fußgängerzonen sind „Radfahrerzonen", Fußgänger sind verängstigt, Radfahrer „erzwingen" Durchfahrt 3

2. Sinnabschnitt von Zeile 10 bis 25

Worum geht es? Mögliche Maßnahmen gegen die Radfahrer

Wichtige Einzelheiten: 1. Möglichkeit: Mahnzettel (nutzlos, sie würden weggeworfen). 2. Möglichkeit: DM 20,– Strafe. (Das wäre ein wirksames „Erziehungsgeld") 4

Ein Aufsatz als Textvorlage

Erika Gerhardt

Berühmte Namen

Es gibt Menschen, die haben einen so berühmten Namen, dass wir ihn fast jeden Tag benutzen. Einige Beispiele:

Wenn du nicht genau weißt, wie ein Wort geschrieben wird, siehst du im „Duden“ nach. Duden ist der Name eines Schuldirektors, der 1880 den ersten „Duden“ veröffentlicht hat. – Deine Schreibtischlampe muss ersetzt werden und du schraubst eine neue 60-Watt-Glühbirne ein. Die Maßeinheit „Watt“ wurde nach James Watt (1736–1819) benannt, dem Erfinder der Dampfmaschine. – Dein Vater fährt mit seinem Lkw (oder dem Auto) zur Tankstelle, um Diesel zu tanken. Der Kraftstoff hat seinen Namen von Rudolf Diesel (1858–1913), der den Dieselmotor erfunden hat.

Genauso berühmt geworden ist der Vorname eines elfjährigen Mädchens, das du unten auf dieser Seite abgebildet siehst. Ihr Vater war um die Jahrhundertwende Kaufmann und Generalvertreter für Daimler-Kraftwagen. Auf seine Anregung wurde der „Sport- und Tourenwagen 35 PS“ gebaut, ein damals supermodernes Auto mit Vierzylinder-Reihenmotor, Bienenwabenkühler, Spritzdüsenvergaser und Vierganggetriebe. Es fuhr 86,1 km/h, was für die damalige Zeit sensationell war.

Der Generalvertreter sorgte dafür, dass das neue Auto im Jahre 1900 den Namen seiner niedlichen Tochter bekam, um dadurch den Verkauf zu fördern. Heute ist der „Sport- und Tourenwagen“ nur noch ein viel bewunderter Oldtimer. Der Name des Mädchens ist „unsterblich“ geworden, es hieß: *Mercedes.*

Ihr Name wurde durch eine Automarke berühmt: Mercedes Jellinek

Inhaltsangabe von Annika W.:

In diesem Aufsatz von Erika Gerhardt mit der Überschrift „Berühmte Namen“ geht es um Menschen, deren Namen so bekannt geworden sind, dass wir sie fast täglich benutzen. Der Aufsatz besteht aus zwei Sinnabschnitten. Im ersten Sinnabschnitt (Zeile 1–10) zählt die Verfasserin berühmte Namen auf, die uns immer wieder im täglichen Leben begegnen: Duden, der Verfasser eines Rechtschreibwörterbuchs; Watt, der Erfinder der Dampfmaschine; Diesel, der Erfinder eines Motors.

Im zweiten Sinnabschnitt berichtet sie von einem elfjährigen Mädchen, dessen Name durch eine weltbekannte Automarke berühmt geworden ist: Mercedes. Sie war die Tochter eines Generalvertreters für Daimler-Motorwagen. Er sorgte dafür, dass 1900 ein Sport- und Tourenwagen von Daimler den Namen seiner Tochter bekam. Der Name blieb bis heute erhalten.

Mercedes Simplex Tourenwagen

▪ Aufgabe 2 ▪

Analysiere die Inhaltsangabe von Annika, verwende dafür das Formblatt auf der nächsten Seite.

Analyse der Inhaltsangabe auf Seite 81

Überschrift des Textes: „Berühmte Namen" ____________________

Verfasser: ____________________

Textsorte: ____________________

Quelle des Textes: ____________________

Thema des Textes: ____________________

____

Zahl der Sinnabschnitte: ____________________

1. Sinnabschnitt von Zeile ______ bis ______

Worum geht es? ____________________

Wichtige Einzelheiten: ____________________

____

____

____

____

2. Sinnabschnitt von Zeile ______ bis ______

Worum geht es? ____________________

____

Wichtige Einzelheiten: ____________________

____

____

____

Lösungen auf Seite 210

Das Formblatt mit dem du die Inhaltsangabe von Annika analysiert hast, verdeutlicht dir die wichtigsten Punkte, die du bei einer *Inhaltsangabe* berücksichtigen solltest. In der folgenden Übersicht sind die Merkmale zusammengefasst.

Das Wichtigste in Kürze: Die Inhaltsangabe

- Die Inhaltsangabe hat zunächst eine **Einleitung.** Dort werden genannt: Verfasser des Textes, Überschrift, Textsorte und das Thema des Textes (= Worum geht es in dem Text?). Du kannst auch erwähnen, woher der Text stammt (= Quelle).
- Den Text solltest du in zwei bis drei **Sinnabschnitte** einteilen. Du kannst mit waagerechten Strichen Anfang und Ende der Abschnitte markieren. So hat es auch Michael in dem Leserbrief auf Seite 151 gemacht.
- Bei der Inhaltsangabe beschränkst du dich auf die **wesentlichen Einzelheiten.** Daher ist eine Inhaltsangabe kürzer als die Textvorlage.
- Inhaltsangaben stehen immer im **Präsens.**
- Inhaltsangaben sollen in einem **nüchternen, sachlichen Stil** geschrieben werden. In eine Inhaltsangabe gehören *nicht* deine persönliche Meinung, deine Gefühle, Vorstellungen …
- Beim Verfassen einer Inhaltsangabe darfst du auf keinen Fall ganze Sätze aus der Textvorlage abschreiben! Du sollst die Sätze selbstständig formulieren!

Schuluniformen in Kalifornien

Schreibe eine Inhaltsangabe zu dem Zeitungsartikel auf Seite 85/86. Bevor du beginnst, solltest du aber das Interview mit MacCool lesen; es enthält einige nützliche Informationen.

Verwende die Hilfen von MacCool für deine Inhaltsangabe.

Ein Zeitungartikel als Textvorlage

Schuluniformen – ein Rezept gegen Gewalt?

Überraschende Erfolge mit Einheitskleidung in Kalifornien

Von Christine Biegler

Long Beach, 18. 3.

Carla nickt. „Ja, ich mag meine Uniform", sagt die Siebenjährige. „Wenn ich sie trage, werde ich nicht totgeschossen." Das Mädchen besucht die Lincoln Elementary School in Long Beach, Kalifornien. Jedes Kind an dieser Grundschule trägt nur zwei Farben: Marineblau und Weiß.

Carla ist wahrscheinlich noch zu klein, um Jeans oder farbenfrohe Kleider zu vermissen. Da sieht es an der Franklin Middle School schon anders aus. Viele Schüler hassen es, jeden Tag in Weiß und Blau antreten zu müssen. Aber ein großer Teil räumt doch ein, dass die Sache etwas Gutes hat. „Weil alle praktisch die gleiche Kleidung haben, ist keiner auf den anderen neidisch", sagt die zwölfjährige Joanna. Joe (13) fügt hinzu: „Hier konntest du erstochen werden, wenn du Farben einer bestimmten Bande getragen hast. Jetzt passiert das nicht mehr."

Der Einheitslook an beiden Schulen ist keine Ausnahme in der südkalifornischen Stadt. Der öffentliche Schulbezirk von Long Beach war 1994 der erste in den USA, in dem alle 58.500 Jungen und Mädchen in den 70 Grund- und Mittelschulen Uniformen tragen müssen. Der Begriff Uniform bedeutet in diesem Fall, dass nur Kleidungsstücke in bestimmten Farben erlaubt sind: meistens Hosen, Röcke, Pullover und Jacken in Schwarz oder Marineblau und Blusen, Hemden sowie T-Shirts in Weiß.

Sorgte die Maßnahme, die inzwischen zahlreiche öffentliche Schulen in Kalifornien übernommen haben, seinerzeit US-weit für Schlagzeilen, so rückte Long Beach erneut ins Rampenlicht, als nach einem Jahr Bilanz gezogen wurde. Der Statistik zufolge ist die Zahl von Kämpfen auf dem Schulhof und im Klassenzimmer seit Einführung der Uniformen um die Hälfte zurückgegangen. […]

Fortsetzung auf Seite 86

Eine japanische Schulklasse hat sich zum Gruppenfoto mit Lehrerin (links oben) aufgestellt.

Fortsetzung von Seite 159

Insgesamt gab es im ersten Schuljahr mit „Uni-Look“ 36 Prozent weniger kriminelle Handlungen auf dem Schulgelände als zuvor. Das schließt unter anderem Faustkämpfe, Schießereien, Vandalismus, Sexualdelikte und Drogenkonsum ein. Es gab auch weniger Schulschwänzer, und der Notendurchschnitt stieg teils spürbar. […]

Der Schuldirektor glaubt, dass die Maßnahme in seiner Heimatstadt besonders erfolgreich ist, weil sie von vielen Eltern unterstützt werde. Vor allem in ärmeren Stadtteilen bedeute der Uniformzwang eine finanzielle Erleichterung für Mütter und Väter. Die Kinder lägen ihnen nicht dauernd mit dem Wunsch nach neuer Kleidung in den Ohren. Bedürftige Eltern könnten auch Finanzhilfe beim Uniformkauf beantragen.

Seit die Bilanz im vergangenen Herbst veröffentlicht wurde, gilt Long Beach als leuchtendes Beispiel für Sinn und Nutzen des Uniformzwanges. Präsident Bill Clinton selbst warb bei seinem Besuch in einer Schule der Stadt für die einheitliche Kleidung. Das US-Bildungsministerium will an alle 16.000 öffentlichen Schulbezirke im Land einen Ratgeber zur Einführung von Uniformen austeilen.

Eine Fabel

Gotthold Ephraim Lessing

Der Rabe und der Fuchs

Ein Rabe trug ein Stück vergiftetes Fleisch, das der erzürnte Gärtner für die Katzen seines Nachbarn hingeworfen hatte, in seinen Klauen fort. Und eben wollte er es auf einer alten Eiche *verzehren,* als sich ein Fuchs herbeischlich und ihm zurief: „Sei mir gesegnet, Vogel des *Jupiters!*"

„Für wen siehst du mich an?", fragte der Rabe.

„Für wen ich dich ansehe?", erwiderte der Fuchs. „Bist du nicht der rüstige Adler, der täglich von der Rechten des *Zeus* auf diese Eiche herabkommt, mich Armen zu speisen? Warum verstellst du dich? Sehe ich denn nicht in der siegreichen Klaue die *erflehte* Gabe, die mir dein Gott durch dich zu schicken noch fortfährt?"

Der Rabe erstaunte und freute sich innig, für einen Adler gehalten zu werden. Ich muss, dachte er, den Fuchs aus diesem Irrtume nicht bringen.

Großmütig dumm ließ er ihm also seinen Raub herabfallen und flog stolz davon. Der Fuchs fing das Fleisch lachend auf und fraß es mit boshafter Freude. Doch bald verkehrte sich die Freude in ein schmerzhaftes Gefühl; das Gift fing an zu wirken und er verreckte.

Gotthold Ephraim Lessing lebte von 1729 bis 1781. Seine Fabeln erschienen 1759.

verzehren: fressen

Jupiter: höchster Gott der Römer

Zeus = Jupiter

erfleht: erbeten

Schreibe zu dieser Fabel eine Inhaltsangabe. (Unterscheide zwei Sinnabschnitte.)

Sinnabschnitte angeben

Wie du weißt, gliederst du deine Inhaltsangabe in sinnvolle Abschnitte. Wenn du die Zahl der *Sinnabschnitte* nennen willst, wie formulierst du das?

Als Schülerinnen und Schüler meiner Klasse eine Inhaltsangabe über die Fabel *„Der Rabe und der Fuchs“* geschrieben hatten, habe ich folgende Sätze gelesen:

Welche Formulierungen hältst du für richtig, welche für falsch? Kreuze entsprechend an.

	richtige Formulierung	falsche oder unangemessene Formulierung
1. *Die Fabel gliedert sich in zwei Sinnabschnitte.*	☐	☐
2. *Die Fabel zerfällt in zwei Sinnabschnitte.*	☐	☐
3. *Die Fabel besteht aus zwei Sinnabschnitten.*	☐	☐
4. *Die Fabel ist aus zwei Sinnabschnitten zusammengesetzt.*	☐	☐
5. *Die Fabel teile ich in zwei Sinnabschnitte ein.*	☐	☐
6. *Die Fabel lässt sich in zwei Sinnabschnitte teilen.*	☐	☐
7. *Die Fabel lässt sich in zwei Sinnabschnitte gliedern.*	☐	☐
8. *Die Fabel lässt sich in zwei Sinnabschnitte einteilen.*	☐	☐
9. *Die Fabel wird gegliedert in zwei Sinnabschnitte.*	☐	☐
10. *Die Fabel ist in zwei Sinnabschnitte eingeteilt.*	☐	☐
11. *Die Fabel kann man in zwei Sinnabschnitte gliedern.*	☐	☐

Lösungen auf Seite 136

Pole Poppenspäler

Ein Auszug aus einer Novelle als Textvorlage

Für Inhaltsangaben als Klassenarbeiten werden oft Textauszüge aus den Werken ausgewählt, die im Unterricht durchgenommen worden sind. Dafür ein Beispiel:

„Pole Poppenspäler“ ist eine Novelle von Theodor Storm, die in vielen 7. Klassen gern gelesen wird. Es geht da um einen Jungen, der sich mit der Puppenspielerfamilie Tendler anfreundet, besonders mit ihrer Tochter Lisei. Die Tendlers sind in die norddeutsche Kleinstadt gekommen, um ihre Stücke vorzuspielen. Jetzt reisen sie in eine andere Stadt weiter.

Theodor Storm (1817–1888) war von Beruf Richter. Bekannt wurde er vor allem durch seine Novellen.

– – Aber alles im Leben ist nur für eine Spanne Zeit. Die Tendlers hatten ihre Stücke durchgespielt; die Puppenbühne auf dem Schützenhofe wurde abgebrochen; sie rüsteten sich zum Weiterziehen.

Und so stand ich denn an einem stürmischen Oktobernachmittage draußen vor unserer Stadt auf dem hohen Heiderücken, sah bald traurig auf den breiten Sandweg, der nach Osten in die kahle Gegend hinausläuft, bald sehnsüchtig nach der Stadt zurück, die in Dunst und Nebel in der Niederung lag. Und da kam es herangetrabt, das kleine Wägelchen mit den zwei hohen Kisten darauf und dem munteren braunen Pferdchen in der *Gabeldeichsel*. Herr Tendler saß jetzt vorn auf einem Brettchen, hinter ihm Lisei in dem neuen warmen Mäntelchen neben ihrer Mutter. – Ich hatte schon vor der Herberge von ihnen Abschied genommen; dann aber war ich vorausgelaufen, um sie alle noch einmal zu sehen und um Lisei, wozu ich von meinem Vater die Erlaubnis erhalten hatte, den Band von *Weißens Kinderfreunde* als Angedenken mitzugeben; auch eine Tüte mit Kuchen hatte ich um einige ersparte *Sonntagssechslinge* für sie eingehandelt. „Halt! Halt!“, rief ich jetzt und stürzte von meinem Heidehügel auf das Fuhrwerk zu. – Herr Tendler zog die Zügel an, der Braune stand und ich reichte Lisei meine kleinen Geschenke in den Wagen, die sie neben sich auf den Stuhl legte. Als wir uns aber, ohne ein Wort zu sagen, an beiden Händen griffen, da brachen wir armen Kinder in lautes Weinen aus. Doch in demselben Augenblicke peitschte auch schon Herr Tendler auf sein Pferdchen. „Ade, mein Bub! Bleib brav und *dank aa no schön* dei'm Vaterl und dei'm Mutterl!“

„Ade! Ade!“, rief das Lisei; das Pferdchen zog an, das Glöckchen an seinem Halse bimmelte; ich fühlte die kleinen Hände aus den meinen gleiten und fort fuhren sie, in die weite Welt hinaus.

Gabeldeichsel: zweiarmige Stange zum Anschirren des Pferdes

Weißens Kinderfreunde: ein Kinderbuch

Sechsling: kleine Münzeinheit

dank aa no schön: danke auch noch schön

Wer sind die abgebildeten Personen?

1. ______________________ **3.** ______________________

2. ______________________ **4.** ______________________

Ich war wieder am Rande des Weges emporgestiegen und blickte *unverwandt* dem Wägelchen nach, wie es durch den stäubenden Sand dahinzog. Immer schwächer hörte ich das Gebimmel des Glöckchens; einmal noch sah ich ein weißes Tüchelchen um die Kisten flattern; dann allmählich verlor es sich mehr und mehr in den grauen Herbstnebeln. – Da fiel es plötzlich wie eine Todesangst mir auf das Herz: Du siehst sie nimmer, nimmer wieder! – –

unverwandt: ohne wegzusehen

„Lisei!", schrie ich, „Lisei!" – Als aber dessen ungeachtet, vielleicht wegen einer Biegung der Landstraße, der nur noch im Nebel schwimmende Punkt jetzt völlig meinen Augen entschwand, da rannte ich wie unsinnig auf dem Wege hinterdrein. Der Sturm riss mir die Mütze vom Kopf, meine Stiefel füllten sich mit Sand; aber so weit ich laufen mochte, ich sah nichts anderes als die öde baumlose Gegend und den kalten grauen Himmel, der darüber stand. – Als ich endlich bei einbrechender Dunkelheit zu Hause wieder angelangt war, hatte ich ein Gefühl, als sei die ganze Stadt indessen ausgestorben. Es war eben der erste Abschied meines Lebens.

Schreibe eine Inhaltsangabe von diesem Textauszug. (Unterscheide dabei drei Sinnabschnitte.)

▪ Aufgabe zu „Pole Poppenspäler" ▪

Ein besonders schwieriger Teil jeder Inhaltsangabe ist die Stelle, wo mit einem oder zwei Sätzen ausgedrückt werden soll, worum es in dem Text geht (= *Kern der Handlung*).
Aus einer Klassenarbeit zu dem Text auf Seite 163–165 habe ich die folgenden Sätze herausgeschrieben. Du wirst schnell sehen, dass längst nicht alle Themenangaben richtig, genau und vollständig sind:

In diesem Teil der Lektüre erzählt der Autor vom Aufbruch der Tendlers. (R. Sch.)

In diesem Abschnitt erzählt der Autor vom traurigen Abschied zwischen Lisei und Paul. (A. H.)

In diesem Abschnitt aus der Novelle „Pole Poppenspäler" geht es darum, wie sich Paul von Lisei verabschiedet. (St. K.)

In diesem Abschnitt der Novelle verabschiedet sich Paul von Lisei und die Tendlers fahren weiter. (O. M.)

Auf den Seiten 44–46 der Novelle „Pole Poppenspäler" erzählt Theodor Storm, wie Paul sich von der Puppenspielergruppe verabschiedet und immer an sie denkt. (M. Th.)

In diesem Teil der Novelle nimmt Paul zum zweiten Mal unter Tränen Abschied von Lisei. Tief traurig bleibt er zurück. (D. L.)

Auf den Seiten 44–46 der Lektüre geht es darum, wie Paul von Lisei Abschied nimmt und immer in den folgenden Jahren im Herbst besonders an sie denkt. (Ch. K.)

In diesem Teil der Novelle erzählt Theodor Storm, wie Lisei mit ihren Eltern die Stadt verlässt, um weiterzuziehen und um irgendwo wieder ihre Puppenspiele aufzuführen. (A. R.)

In diesem Teil der Novelle „Pole Poppenspäler" erzählt der Autor Theodor Storm von der Abreise der Puppenspieler und wie Paul sich von Lisei verabschiedet. (H. B.)

In diesem Abschnitt der Novelle erzählt Theodor Storm, wie sich Paul von Lisei verabschiedet. (A. B.)

In diesem Abschnitt erzählt der Autor, wie Lisei mit ihren Eltern wieder an einen anderen Ort zieht. (N. B.)

In diesem Abschnitt erzählt der Autor Theodor Storm, wie die Puppenbühne abgebaut wird und die Familie Tendler weiterzieht. (D. K.)

In diesem Abschnitt erwartet Paul das Fuhrwerk der Tendlers, um sich noch einmal von Lisei zu verabschieden. (E. L.)

1. Nenne die beiden Initialen des Schülers, der das Thema des Textauszuges *am besten* formuliert hat – richtig und vollständig:

   ____

   Kannst du deine Entscheidung rechtfertigen?

   ____

   ____

   ____

Initialen: die ersten Buchstaben der Namen (Peter Müller: P. M.)

2. Nenne die Initialen der beiden Schüler, die das Thema *am schlechtesten* formuliert haben – sehr ungenau, unvollständig oder sogar falsch: ______________________________

   Kannst du deine Entscheidung rechtfertigen?

   ____

   ____

   ____

   ____

Die Lösungen findest du auf Seite 210/211.

Jakob Wassermann (1873–1934) war in den 20er und 30er Jahren einer der meistgelesenen Autoren Deutschlands.

Das Gold von Caxamalca

Jakob Wassermann beschreibt in seiner Erzählung, wie im 16. Jahrhundert die Spanier unter Francisco Pizarro das Inkareich in Südamerika erobern. Durch einen Hinterhalt ist es den Spaniern gelungen, den König der Inkas, Atahuallpa, gefangen zu nehmen. Im 12. Kapitel macht Atahuallpa den Spaniern ein überraschendes Angebot:

General: der Spanier Pizarro

Felipillo: Name des Dolmetschers

Am nämlichen Tag kam der *General* mit mehreren Rittern zu Atahuallpa [...]

Gefangennahme Atahuallpas (Buchillustration aus dem 19. Jhdt.)

Da sagte der Inka mit Worten, die er gequält suchte und stockend an *Felipillo* richtete, wenn man ihm die Freiheit gebe, verpflichte er sich, den ganzen Fußboden des Saals, in dem wir uns befänden, mit Gold zu bedecken.

Der General und wir andern vernahmen es schweigend, und als Atahuallpa keine Antwort erhielt, fügte er mit größerem Nachdruck hinzu, dass er nicht bloß den Fußboden bedecken, sondern den Raum so hoch mit Gold füllen wolle, als er mit seiner Hand zu reichen vermochte.

erwägen: bedenken

Anerbieten: Angebot, Vorschlag

Wir starrten ihn verwundert an, denn wir hielten dies für die Prahlerei eines Mannes, der zu begierig war, sich die Freiheit zu verschaffen, um die Erfüllbarkeit seiner Versprechungen zu *erwägen.* Der General winkte uns abseits und wir sollten unsere Meinung äußern. Sein Bruder Hernando und der Sekretär Xeres wollten das *Anerbieten* abgelehnt wissen, de Soto und ich sprachen dafür. Pizarro selbst war in Ungewissheit. Er hatte die höchsten Vorstellungen von dem Reichtum des Landes und namentlich von den Schätzen der Hauptstadt Cuzco, wo nach verlässlichen Berichten die Dächer der Tempel mit Gold gedeckt, die Wände mit goldnen Tapeten bekleidet und sogar die Ziegel aus Gold verfertigt waren. Das müsse doch einigen Grund haben, meinte er; es empfehle sich jedenfalls, auf den Vorschlag des Inka einzugehen, denn dadurch könne er mit einem Schlag alles Gold zu seiner Verfügung bekommen und verhindern, dass es von den Peruanern versteckt oder fortgeschafft werde.

Atahuallpa, der letzte Herrscher des Inkareiches. Er wurde 1533 von den Spaniern hingerichtet.

Er sagte deshalb zu Atahuallpa, er wolle ihm die Freiheit geben, wenn er wirklich so viel Gold dafür bezahlen könne, wie er behaupte. Er verlangte ein Stück roter Kreide, man brachte es ihm, und nun zog er in der vom Inka bezeichneten Höhe einen Strich über die vier Wände. Der Raum war siebenunddreißig *Fuß* breit, zweiundfünfzig Fuß lang und die rote Linie auf der Wand lief neuneinhalb Fuß über dem Boden.

Fuß: altes Längenmaß

Dieser Raum sollte mit Gold angefüllt werden. Der Inka forderte hierzu zwei Monate Zeit. Die Bedingungen wurden vom Sekretär Xeres niedergeschrieben und die Urkunde mit einem Siegel versehen.

Fragen zu „Das Gold von Caxamalca"

1. Wie viele Sinnabschnitte kannst du unterscheiden?

	Ja	Nein
Zwei Sinnabschnitte	☐	☐
Drei Sinnabschnitte	☐	☐

Gib die Zeilenzahlen an: ____________________

2. Bei einer Inhaltsangabe sollst du dich auf die *wesentlichen Einzelheiten* beschränken. Sind diese Einzelheiten wesentlich?

	Ja	Nein
a) Der General kam *mit mehreren Rittern.*	☐	☐
b) … der Saal, *in dem wir uns befanden …*	☐	☐
c) Der General vernahm es *schweigend.*	☐	☐
d) *… wir hielten das für die Prahlerei eines Mannes …*	☐	☐
e) Der General *winkte uns abseits.*	☐	☐
f) Der General hatte die höchsten Vorstellungen *von den Schätzen der Hauptstadt Cuzco.*	☐	☐
g) Der General verlangte ein Stück *rote* Kreide.	☐	☐
h) Der Inka forderte *zwei Monate Zeit.*	☐	☐
i) Die Urkunde wurde *mit einem Siegel versehen.*	☐	☐

Vergleiche deine Antworten mit den Lösungen auf Seite 211.

Wilhelm Tell

In dem Schauspiel „*Wilhelm Tell*" von Friedrich Schiller werden die Schweizer vom Landvogt Geßler unterdrückt. Tell wird von diesem Tyrannen gezwungen, einen Apfel vom Kopf seines eigenen Sohnes zu schießen – du erinnerst dich?

Das Schauspiel Schillers (1759–1805) geht auf eine bekannte Schweizer Sage zurück.

3. Aufzug, 3. Szene

Stauffacher *(ruft)*. Der Apfel ist gefallen!
(Indem sich alle nach dieser Seite gewendet und Berta zwischen Rudenz und den Landvogt sich geworfen, hat Tell den Pfeil abgedrückt.)
Rösselmann. Der Knabe lebt!
Viele Stimmen. Der Apfel ist getroffen!
(Walter Fürst schwankt und droht zu sinken, Berta hält ihn.)
Geßler *(erstaunt)*. Er hat geschossen? Wie? der Rasende!
Berta. Der Knabe lebt! kommt zu Euch, guter Vater!
Walter Tell *(kommt mit dem Apfel gesprungen)*.
Vater, hier ist der Apfel – Wusst ich's ja,
Du würdest deinen Knaben nicht verletzen.
(Tell stand mit vorgebognem Leib, als wollt' er dem Pfeil folgen – die Armbrust entsinkt seiner Hand – wie er den Knaben kommen sieht, eilt er ihm mit ausgebreiteten Armen entgegen und hebt ihn mit heftiger Inbrunst zu seinem Herzen hinauf, in dieser Stellung sinkt er kraftlos zusammen. Alle stehen gerührt.)

Inbrunst: Hitze, Heftigkeit

Berta. O güt'ger Himmel!
Walter Fürst *(zu Vater und Sohn)*. Kinder! meine Kinder!
Stauffacher. Gott sei gelobt!
Leuthold. Das war ein Schuss! Davon
Wird man noch reden in den spätsten Zeiten.
Rudolf der Harras.
Erzählen wird man von dem Schützen Tell,
Solang die Berge stehn auf ihrem Grunde.
(Reicht dem Landvogt den Apfel.)

Geßler. Bei Gott! der Apfel mitten durchgeschossen!
Es war ein Meisterschuss, ich muss ihn loben.
Rösselmann.
Der Schuss war gut, doch wehe dem, der ihn
Dazu getrieben, dass er Gott versuchte.
Stauffacher.
Kommt zu Euch, Tell, steht auf, Ihr habt Euch männlich
Gelöst und frei könnt Ihr nach Hause gehen.

gelöst: Strafe gezahlt

Rösselmann.
Kommt, kommt und bringt der Mutter ihren Sohn!
(Sie wollen ihn wegführen.)
Geßler. Tell, höre!
Tell *(kommt zurück)*. Was befehlt Ihr, Herr?
Geßler. Du stecktest
Noch einen zweiten Pfeil zu dir – Ja, ja,
Ich sah es wohl – Was meintest du damit?
Tell *(verlegen)*.
Herr, das ist also bräuchlich bei den Schützen.
Geßler. Nein, Tell, die Antwort lass ich dir nicht gelten,
Es wird was anders wohl bedeutet haben.
Sag mir die Wahrheit frisch und fröhlich, Tell:
Was es auch sei, dein Leben sichr' ich dir.
Wozu der zweite Pfeil?
Tell. Wohlan, o Herr,
Weil Ihr mich meines Lebens habt gesichert,
So will ich Euch die Wahrheit gründlich sagen.
(Er zieht den Pfeil aus dem Goller und sieht den Landvogt mit einem furchtbaren Blick an.)

Goller: Schultertasche

Mit diesem zweiten Pfeil durchschoss ich – Euch,
Wenn ich mein liebes Kind getroffen hätte,
Und Eurer – wahrlich! hätt' ich nicht gefehlt.
Geßler. Wohl, Tell! Des Lebens hab ich dich gesichert,
Ich gab mein Ritterwort, das will ich halten –
Doch weil ich deinen bösen Sinn erkannt,
Will ich dich führen lassen und verwahren,
Wo weder Mond noch Sonne dich bescheint,
Damit ich sicher sei vor deinen Pfeilen.
Ergreift ihn, Knechte! Bindet ihn!
(Tell wird gebunden.)

„Tells Meisterschuss" (nach einer Zeichnung von Johannes Gehrts)

Wer sind die abgebildeten Personen?

1. ______________________________

2. ______________________________

3. ______________________________

Schreibe eine Inhaltsangabe zu dieser spannenden Szene.

Hinweise:

- Diese Szene gliedert sich deutlich in *zwei* Abschnitte.
- Die direkte Rede gibst du in indirekter Rede wieder oder du fasst Teile des Gesprächs zusammen.
- Auch bei solch einer aufregenden Szene musst du die Inhaltsangabe in einem *sachlichen Stil* schreiben.

Eine Inhaltsangabe zu diesem Text findest du auf Seite 211.

Textsorten

Im ersten Abschnitt einer Inhaltsangabe (= Einleitung) sollst du neben anderen Einzelheiten die *Textsorte/Textgattung* nennen.
Der Text „Erziehungsgeld“ auf Seite 77 ist ein **Leserbrief.**
Der Text „Berühmte Namen“ auf Seite 80 ist ein **Aufsatz.**
Der Text „Schuluniformen“ auf Seite 85/86 ist ein **Zeitungsartikel.**
„Der Rabe und der Fuchs“ auf Seite 87 ist eine **Fabel.**
Der Text auf Seite 163–165 ist ein Auszug aus der **Novelle** „Pole Poppenspäler“.
Der Text auf Seite 168–170 ist ein Auszug aus der **Erzählung** „Das Gold von Caxamalca“.
Der Text auf Seite 171/172 ist eine Szene aus dem **Schauspiel** „Wilhelm Tell“.

Du findest hier eine alphabetische Liste von Textsorten. Man kann *zwei große Gruppen von Textsorten* unterscheiden. Übertrage die Tabelle auf der nebenstehenden Seite in dein Übungsheft und ordne die Textsorten ein.

Ballade
Brief
Comic
Drama
Erzählung
Fabel
Gedicht

Inhaltsangabe
Interview
Kurzgeschichte
Leserbrief
Lustspiel
Märchen
Novelle

Roman
Schauspiel
Schwank
Sciencefiction
Zeitungsartikel
Legende
Bericht

Sachtexte Sie enthalten einen Gedankengang und wenden sich an unseren Verstand.	Erzählende Texte Sie erzählen, sind anschaulich, sie wecken unsere Phantasie.
	Ballade

Muster für dein Übungsheft

Lösungen auf Seite 211

Zusatzaufgaben:

1. Nenne zwei Romane:

____

____

2. Nenne zwei Balladen:

____

____

3. Nenne zwei Märchen:

____

____

4. Nenne zwei Kurzgeschichten (aus dem Lesebuch):

____

____

5. Nenne zwei Fabeln:

____

____

Finde den treffenden Ausdruck

Die folgenden Zitate stammen aus Inhaltangaben zu dem Text aus der Erzählung *„Das Gold von Caxamalca"* (Seite 168–170).

Wie heißt es richtig? Die falschen Formulierungen sind unterstrichen.

1. *Der General Hernando und andere <u>haben geteilte Meinungen</u>.* (E. M.)

____

____

2. *Pizarro denkt an das Gold von Cuzco. Das veranlasst ihn, dem Vorschlag <u>einzustimmen</u>.* (M. T.)

____

____

3. *Dann wird <u>beschrieben</u>, wie Pizarro sagt, dass er den Inka freilassen will, wenn dieser wirklich so viel Gold herbeischaffen lässt.* (T. M.)

____

____

4. *Dann zeichnet Pizarro eine Linie an die Wand, bis an die das Gold <u>ragen</u> soll.* (M. K.)

____

____

5. *Atahuallpa macht das Angebot, den Saal so hoch mit Gold zu füllen, wie er mit den Händen <u>hoch kommt</u>.* (S. O.)

____

____

6. *Außerdem wird ein Vertrag aufgestellt, der besagt, dass …* (A. B.)

____

____

7. *Der Text kommt aus der Erzählung „Das Gold von Caxamalca".* (J. G.)

____

____

8. *Der dritte Sinnabschnitt geht von Seite 105, Zeile 3 …* (G. J.)

____

____

9. *Atahuallpa macht einen neuen Vorschlag an die Spanier.* (Y. T.)

____

____

10. *Der Sekretär Xeres schreibt die Bedingungen nieder und versieht es mit einem Siegel.* (T. Ü.)

____

____

11. *In dem Text wird erzählt, wie der Inka sich das Leben mit Gold freikaufen will.* (A. H.)

____

____

12. *Im dritten Sinnabschnitt willigt Pizarro dem Inka ein, dass der sich mit Gold freikaufen kann.* (H. A.)

____

____

Lösungen auf Seite 212

▪ Testaufgabe 1 ▪

Lies den folgenden Aufsatz und analysiere ihn.

Inhaltsangabe zu „Pole Poppenspäler“

Aufsatz von MacCool:

In diesem Teil der Geschichte erzählt der Autor den Abschied von Lisei.

Die Tendlers machten sich zum Weiterziehen fertig. Da stand Paul an einem stürmischen Oktobernachmittag vor der Stadt und sah traurig nach Osten und bald wieder zur Stadt zurück. Jetzt kam das kleine Wägelchen mit dem munteren, braunen Pferdchen immer näher. Herr Tendler saß vorne. Hinter ihm saßen Lisei, mit ihrem neuen Mäntelchen, und ihre Mutter. Paul hatte schon vor der Herberge Abschied genommen, doch dann war er vorausgegangen, um sich noch einmal zu verabschieden, vor allem wollte er Lisei den Band von Weißens Kinderfreunde und eine Tüte Kuchen schenken. Da waren sie schon. Er reichte Lisei die Geschenke. Sie fassten sich an beide Hände und weinten. „Ade“, rief Lisei. Sie fuhren weiter, das Gebimmel der Glöckchen wurde immer schwächer. Im folgenden Herbst und jedes Jahr saß Paul auf der Bank unterm Lindenbaum. „Ob Lisei wohl wiederkommt?“ dachte er, aber sie kam nicht.

Analyse des Inhalts

	richtig	ungenau/ überflüssig	falsch/ fehlt
1. Angabe der Textsorte:	❑	❑	❑
2. Angabe des Autors:	❑	❑	❑
3. Thema des Textes:	❑	❑	❑
4. Einteilung in Sinnabschnitte:	❑	❑	❑
5. Einzelheiten:	❑	❑	❑

Bei welchen der 5 Punkte hast du „ungenau/überflüssig“ oder „falsch/ fehlt“ angestrichen? Warum?

______ ______________________________

______ ______________________________

6. Was fällt dir außerdem an diesem Aufsatz auf?

(Beachte die Tipps auf Seite 157.)

Vergleiche deine Ergebnisse mit den Lösungen auf Seite 212.

Testaufgabe 2

Analysiere auch den Inhalt des zweiten Aufsatzes.

Inhaltsangabe zu „Das Gold von Caxamalca"

Aufsatz von Florian H.:

Der Textauszug stammt aus der Erzählung „Das Gold von Caxamalca" von Jakob Wassermann. Der Autor erzählt uns, wie Atahuallpa sein Leben für sehr viel Gold freikaufen will.

Der Text gliedert sich in drei Sinnabschnitte.

Im ersten Sinnabschnitt (bis Zeile 17) will der Inka für seine Freiheit einen Raum mit Gold füllen, und zwar so hoch, wie er mit seiner Hand reichen kann.

Im zweiten Sinnabschnitt, der bis Zeile 31 geht, haben die Spanier eine Meinungsverschiedenheit, ob sie diesen Vorschlag annehmen oder ablehnen sollen. Schließlich entscheiden sie sich dafür.

Im letzten Abschnitt sagt Pizarro zum Inka, dass er den Vorschlag annimmt. Dann malt er mit Kreide in der vom Inka bezeichneten Höhe einen Strich über alle vier Wände. Er gibt dem Inka zwei Monate Zeit, um den Raum mit Gold zu füllen.

Analyse des Inhalts

	richtig	ungenau/ unvollständig	falsch/ fehlt
1. Angabe der Textsorte:	☐	☐	☐
2. Angabe des Autors:	☐	☐	☐
3. Thema des Textes:	☐	☐	☐
4. Einteilung in Sinnabschnitte:	☐	☐	☐
5. Einzelheiten des 1. Sinnabschnittes:	☐	☐	☐
6. Einzelheiten des 2. Sinnabschnittes:	☐	☐	☐
7. Einzelheiten des 3. Sinnabschnittes:	☐	☐	☐

Bei welchen der 7 Punkte hast du „ungenau/unvollständig" oder „falsch/ fehlt" angestrichen? Warum? Begründe auch hier deine Entscheidung.

Vergleiche deine Ergebnisse mit den Lösungen auf Seite 212.

Testaufgabe 3

Analysiere nun auch noch den Inhalt des dritten Aufsatzes.

Inhaltsangabe zu „Wilhelm Tell"

Aufsatz von Eric L.:

Dieser Abschnitt aus dem Schauspiel „Wilhelm Tell" von Friedrich Schiller enthält die Ereignisse unmittelbar nach dem Apfelschuss.

Die Szene gliedert sich in zwei Abschnitte.

Im ersten Abschnitt (Vers 2032–2048) bemerkt zunächst Stauffacher, dann auch alle anderen, dass Tell geschossen hat und dass der Knabe lebt. Er kommt freudig mit dem Apfel herbei. Tell sinkt nach der großen Anspannung kraftlos zusammen. Geßler lobt den Meisterschuss.

Als Tell weggehen will, ruft ihn Geßler zurück. Hier beginnt der zweite Abschnitt. Der Landvogt möchte wissen, warum Tell einen zweiten Pfeil eingesteckt hat. Zunächst sucht Tell verlegen nach einer Ausrede. Nachdem Geßler ihm das Leben gesichert hat, bekennt Tell, dass er mit dem zweiten Pfeil den Landvogt erschossen hätte, wenn sein Sohn verletzt worden wäre. Da lässt Geßler den Tell festnehmen, um vor dessen Pfeilen zukünftig sicher zu sein.

	richtig	ungenau/ unvollständig	falsch/ fehlt
1. Angabe der Textsorte:	❑	❑	❑
2. Angabe des Autors:	❑	❑	❑
3. Thema des Textes:	❑	❑	❑
4. Einteilung in Sinnabschnitte:	❑	❑	❑
5. Einzelheiten des 1. Sinnabschnittes:	❑	❑	❑
6. Einzelheiten des 2. Sinnabschnittes:	❑	❑	❑

Analyse des Inhalts

Bei welchen der 6 Punkte hast du „ungenau/unvollständig" oder „falsch/ fehlt" angestrichen?

Vergleiche deine Ergebnisse mit den Lösungen auf Seite 212.

Welche Zensuren wären für die drei Inhaltsangaben angemessen?

Zensurenbereich	Namen der Schüler
„sehr gut", „gut"	
„befriedigend", „ausreichend"	
„mangelhaft"	

WAS SPRICHT DAFÜR, WAS DAGEGEN?

Die Erörterung

Lies die folgende kleine Geschichte, die Situation wird dir irgendwie bekannt vorkommen.

Rudolf Kirsten

Wer hat Recht?

Auf einer Weide tummelten sich allerlei Tiere. Da sah der Ochse ein zierliches Blümchen mit weißem Kränzchen und einem gelben Tupfen in der Mitte. Er betrachtete es und fragte seine Weidegenossen: „Kennt ihr diese Blume?"
„Es ist eine Tulpe!", blökte das Schaf.
„Ein Veilchen!", meckerte die Ziege.
„Ein Gänseblümchen!", sagte das Pferd.
„Dummes Zeug!", brüllte der Ochse mit gewaltiger Stimme, „es ist eine Rose!"
Da schwiegen die Tiere und fragten den Fuchs um seine Meinung.
„Der Ochse hat Recht!", sagte der Fuchs mit schelmischem Grinsen, „er hat am lautesten gebrüllt."

Erörterungen im täglichen Leben …

So ist es oft im wirklichen Leben: Wer am lautesten schreit, hat Recht. Da wird das Ziel des nächsten Wandertages diskutiert. Einige möchten in einen Freizeitpark, andere in eine Stadt. Wer am lautesten schreit, bestimmt das Ziel. – Da diskutiert ihr zu Hause, welches Fernsehprogramm angesehen werden soll. Wer am lautesten schreit, setzt sich durch …

Natürlich … so sollte es nicht sein und so darf es auch nicht sein! Von gesitteten Menschen kann man erwarten, dass sie für die eine oder andere Entscheidungsmöglichkeit gute Argumente vorbringen und dass man sie nach den besten Argumenten richten.

Gute Argumente geben den Ausschlag.

Die *Erörterung* ist die Aufsatzform, bei der man üben kann, gute *Argumente* für die eine oder die andere Entscheidungsmöglichkeit zu suchen. Das macht vielen Schülern großen Spaß. Die ersten Erörterungen werden in Klasse 8 geschrieben, besonders wichtig wird die Erörterung in den Klassen 9 und 10 und in der Oberstufe.

Beleg-Erörterung

Am einfachsten zu verstehen ist die sogenannte „Beleg-Erörterung". Sie verlangt von dir noch nicht, dass du dich mit den Argumenten PRO und den Gegenargumenten KONTRA auseinandersetzt, sondern es wird dir eine Feststellung vorgegeben, und du sollst **die Richtigkeit dieser Feststellung begründen.** Du suchst *Belege,* die die Richtigkeit der Feststellung aufzeigen, daher die Bezeichnung *„Beleg-Erörterung"*.

Gründe (Belege) für die Richtigkeit einer Aussage

In dem Zeitungsartikel auf Seite 184 geht es darum, dass in dem asiatischen Staat Nepal etwa 137 000 Kinder in Fabriken Teppiche weben, die auch bei uns in Europa verkauft werden. Keine Frage: Wir können auf keinen Fall richtig finden, dass Kinder für solche Industriearbeiten herangezogen werden.

Im Zeitungsartikel werden drei Argumente genannt. Unterstreiche die Textstellen und schreibe die Argumente heraus:

1. ______________________________

____

2. ______________________________

____

3. ______________________________

____

Lösungen auf Seite 213

Sicherlich fallen dir noch weitere Argumente ein, warum wir Europäer meinen, dass Kinder nicht für Fabrikarbeiten herangezogen werden sollten:

4. ______________________________

____

5. ______________________________

____

Sieh nach, welche Argumente Martin vorgebracht hat (Seite 185).

Teppiche aus Nepal nicht mehr von Kinderhand?

AFP: Abkürzung für Agence France-Presse (französische Nachrichtenagentur)

AFP **Kathmandu** Sinkende Exportzahlen vor allem in Richtung Deutschland haben die nepalesische Teppichindustrie, den größten Devisenbringer des Landes, zum Umdenken gezwungen. Grund für die wachsende Zurückhaltung der Kunden im Westen ist, dass die einst beliebten Wollteppiche aus Nepal häufig von Kindern gewebt werden.

Fünf- und Sechsjährige verderben sich bei fahlem Fabriklicht die Augen, atmen lungenschädigenden Wollstaub ein und vergiften sich schleichend mit gesundheitsschädlicher Textilfarbe. Regierung und Hersteller gehen nun gemeinsam daran, das angekratzte Image der Teppichindustrie wieder aufzupolieren. Fabriken, in denen Kinder arbeiten, sollen schärfer mit Sanktionen belegt werden und ein neues Qualitätssiegel, das „kinderarbeitsfreie Teppiche" garantiert, soll die Verkaufszahlen wieder steigen lassen.

„Child Workers in Nepal" (CWIN), eine private Hilfsorganisation, schätzt die Zahl der Kinder, die in den Fabriken des Himalayastaates Teppiche weben, auf fast 137 000.

Das gestiegene Verbraucherbewusstsein in Deutschland, dem Hauptabnehmer, und anderen Zielländern ließ die Exporte drastisch sinken. Rund die Hälfte aller Unternehmen der Teppichindustrie musste schließen. Die Exporterlöse sanken von 191,9 Millionen US-Dollar im Geschäftsjahr 1992/93 auf 160 Millionen im vergangenen Jahr. „Die Regierung hat bereits drastische Maßnahmen gegen Kinderarbeit ergriffen", versichert Mohan Gurung, Nepals Minister für Leichtindustrie. Die neuen Zertifikate sollen das sichtbar machen. Und die Verwendung giftiger Farbe werde immer stärker eingeschränkt.

Ägyptische Mädchen beim Teppichknüpfen in einer Fabrik

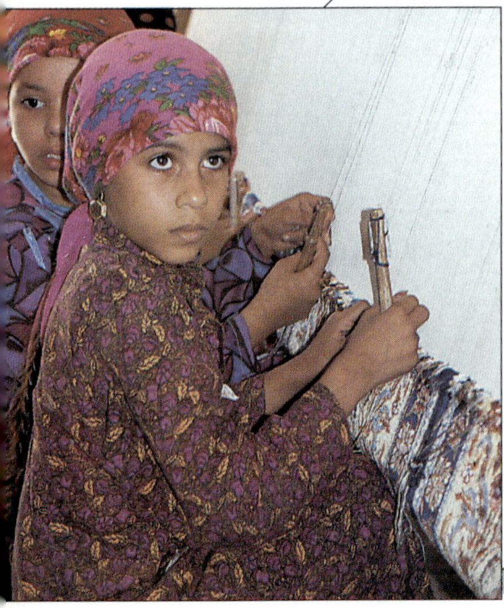

Die „Beleg-Erörterung“, die Martin nach diesem Zeitungsartikel geschrieben hat, hat folgenden Wortlaut:

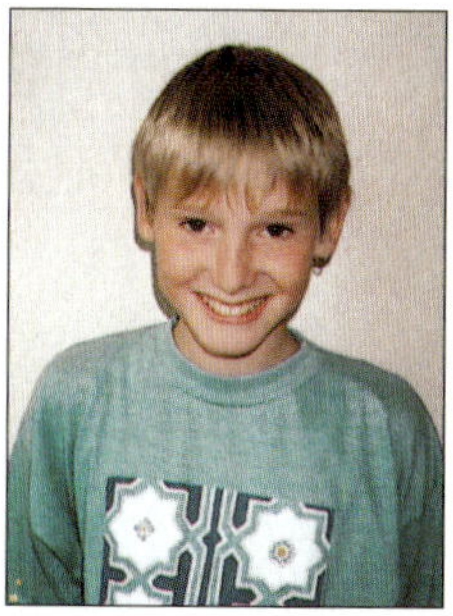

Aufsatz von Martin St.:

Einleitung *Die Zeitung berichtet, dass es in Nepal fast 137 000 Kinder gibt, die in der Teppichindustrie arbeiten müssen. In Deutschland sind wir der Meinung, dass man Fünf- und Sechsjährige nicht zu solchen schweren Arbeiten heranziehen darf. Für diese Meinung sprechen viele Argumente:*

1. Argument *Die Kinder verderben sich bei dem trüben Licht in den Fabriken die Augen und müssen später eine Brille tragen.*
2. Argument *Ihre Gesundheit wird geschädigt, weil sie ihre Lungen durch das Einatmen des Wollstaubs schädigen und weil sie sich mit der Textilfarbe, die gesundheitsschädlich ist, allmählich vergiften.* **3. Argument** *Offensichtlich sind Kinder von fünf und sechs Jahren körperlich noch viel zu schwach für Fabrikarbeit.* **4. Argument** *Sie sollten noch keiner geregelten Arbeit nachgehen, sondern Zeit zum Spielen haben.* **5. Argument** *Wichtig ist auch, dass die Kinder zur Schule gehen und viel lernen.* **6. Argument** *Besonders in einem Entwicklungsland ist Schulbildung für das spätere Leben notwendig.*

Schluss *Weil wir Europäer Kinderarbeit ablehnen, sind die Teppichexporte von 191,9 Millionen auf 160 Millionen Dollar zurückgegangen. Die nepalesische Regierung hat drastische Maßnahmen gegen die Kinderarbeit ergriffen und ein Qualitätssiegel eingeführt, das garantiert, dass die Teppiche nicht mehr von Kindern geknüpft worden sind.*

Das werden wir alle sagen. Kinderarbeit darf man wirklich nicht zulassen! Es wäre unvorstellbar, wenn hier in Deutschland Kinderarbeit in der Industrie eingeführt würde.

Die andere Seite dieses Problems ...

Du wirst es nicht glauben, aber es gibt auch ganz andere Meinungen zu diesem Problem. Gerade als ich dieses Kapitel schrieb, schickte mir ein Bekannter aus Norddeutschland einen Zeitungsartikel, den du auf der Nebenseite lesen kannst. Hier werden Argumente *für* die Kinderarbeit vorgetragen.

Welche Argumente für die Kinderarbeit führt der Autor ins Feld? Trage sie hier ein.

Lösungen auf Seite 213

1. ____________________________________

   ____

2. ____________________________________

   ____

3. ____________________________________

   ____

Schwierige Probleme lassen sich nicht mit einfachen Antworten lösen.

Das Problem der Kinderarbeit scheint doch komplizierter zu sein, als wir anfangs angenommen haben. Ich glaube nicht, dass wir es auf eine einfache Art für die ganze Welt lösen können. Immerhin, du hast deutlich erkannt, dass es selbst bei diesem Problem nicht nur Kontra-Argumente, sondern auch Pro-Argumente gibt, mit denen man sich auseinandersetzen muss.

Pro-und-Kontra-Erörterung

Pro <u>und</u> Kontra sind zu bedenken.

Bei den folgenden Erörterungen, die einfachere Probleme betreffen, werden wir immer beide Positionen bedenken: die Pro-Argumente **und** die Kontra-Argumente.

Bei der ersten Pro-und-Kontra-Erörterung geht es um *Vornamen.* (Auf Seite 188 findest du einen Zeitungsartikel zu diesem Thema.)
Bist du eigentlich mit deinem eigenen Vornamen zufrieden?
Weißt du, warum deine Eltern dir deinen Vornamen gegeben haben?
Würdest du gern anders heißen?

„Boykottaktionen richten Schaden an“: Kinderarbeit in Asien

Proteste gegen die Ausbeutung junger Teppichknüpfer sind problematisch.

Von dpa-Korrespondent Peer Meinert

Delwar Hossain ist zwölf Jahre alt. Zwölf Stunden dauerte auch sein Arbeitstag in einer Hemdenfabrik in Dhaka, der Hauptstadt von Bangladesh. Doch westliche Proteste gegen die Kinderarbeit haben seinen Arbeitgeber unter Druck gesetzt. Delwar wurde entlassen. Seitdem muss die achtköpfige Familie immer häufiger auf eine Mahlzeit verzichten; ohne den Monatslohn von rund 30 Mark ist die Familie verloren. Statt Hemden zu bügeln sammelt der Junge jetzt Altpapier auf den Straßen – und verdient viel weniger als zuvor.

Über dieses Schicksal berichtete die politische Zeitschrift „Far Eastern Economic Review“ (Hongkong). Während in Europa und den USA Proteste und Boykottaufrufe gegen die Kinderarbeit zunehmen, äußern sich Experten in Asien skeptisch. „Kinderarbeit ist ein kompliziertes Problem“, schreibt das Blatt. „Doch simple und gut gemeinte Lösungen können manchmal mehr Schaden zufügen als Gutes tun.“

Niemand kann die Grauen der Kinderarbeit leugnen. Nach Schätzungen der Internationalen Arbeitsorganisation (ILO) verdingen sich weltweit zwischen 100 und 200 Millionen Kinder unter 14 Jahren. In Pakistan und Indien knüpfen sie Teppiche, in Thailand produzieren sie Handtaschen, auf den Philippinen nähen sie Textilien.

„Verheerende Sanktionen“

Doch Boykottaktionen von Waren, die mit Kinderhand hergestellt werden, seien kaum ein Mittel, des Problems Herr zu werden. Laut „Far Eastern Review“ sei allein im zweiten Halbjahr 1995 der Teppichexport Pakistans wegen solcher Aktionen um die Hälfte auf 50 Millionen Dollar gesunken. „Sanktionen sind eher verheerend“, meint ein ILO-Experte in Bangkok. „Gerade der Handel ist einer der wichtigsten Motoren des Wachstums.“

Problematisch sei auch die deutsche Aktion, nur indische Teppiche mit dem „Rudmark“-Siegel zu kaufen; „garantiert ohne Kinderarbeit“. „Die Burschen aus den Fabriken zu zwingen, bevor sie eine bessere Alternative haben, bringt das Risiko mit sich, sie in gefährlichere Jobs und in noch härtere Arbeit zu treiben. Einziges Mittel gegen die Kinderarbeit ist der wirtschaftliche Aufstieg und der damit verbundene längere Schulbesuch.“ In Thailand, das seit mehreren Jahren immerhin acht Prozent Wirtschaftswachstum verbucht, sei die Zahl der malochenden Kinder spürbar gesunken; Schätzungen zufolge auf vier Millionen.

dpa: Abkürzung für Deutsche Presse-Agentur GmbH

Vor einiger Zeit las ich mehrere Artikel über moderne Vornamen in der Zeitung. Unter anderem diesen:

„Verrücktes Pferd“ nicht erwünscht

Von Sabine Fuchs

Selbst erfahrene Standesbeamte waren bei diesem Ansinnen ratlos. „Crazy Horse“ sollte der soeben geborene Stammhalter heißen. Ob der Knabe als „verrücktes Pferd“ durch das Leben gehen kann, vermochten die Beamten auch nach dem Studium dicker Bücher nicht zu entscheiden. Wie oft in solchen Fällen wandten sie sich an die Forschungsstelle für Namenskunde der Uni Leipzig. In der Personennamensberatungsstelle – einer von zweien in Deutschland – erfahren sie, ob es ratsam ist zu beurkunden, was sich stolze Eltern für ihre Sprösslinge ausdenken. Und meistens folgen die Ämter den Empfehlungen.

Als „Crazy Horse“ durfte der Junge nicht durchs Leben schreiten. „Toni Tiger“ und der eingedeutschten „Pämela“ wurde ebenfalls die Eintragung in die Geburtsurkunde verweigert. Enttäuscht zog auch der Vater von dannen, der seine Tochter nach dem chemischen Element „Argon“ nennen wollte. Der Beispiele ließen sich noch viele finden. Fälle, in denen Elternpaare sich in puncto Namensgebung „austoben“ wollen, dabei aber das spätere Wohl des Kindes mehr oder weniger aus den Augen verlieren. Denn so ulkig ein Name für ein Kleinkind auch sein mag, im fortgeschrittenen Alter ist das Namensexperiment denn doch nicht mehr so amüsant.

Nach dem deutschen Gesetz muss aus dem Namen eindeutig hervorgehen, ob es sich um eine weibliche oder eine männliche Person handelt, sagt Karlheinz Hengst, Leiter der Forschungsstelle. Außerdem muss der Name in einem entsprechenden internationalen Verzeichnis enthalten sein.

Im Übrigen sei in den zurückliegenden Jahren manches lockerer geworden. So stehe einer Taufe auf den Namen „Pumuckl“ heute nichts mehr im Wege. Meister Eders Kobold hat den Sprung in die deutsche Namensliste geschafft. „Doch empfehlen würde ich es trotzdem nicht, denn auch ein Pumuckl wird einmal erwachsen.“ […]

Daraus habe ich folgendes **Thema für eine Erörterung** abgeleitet:

Neuerdings geben viele Eltern ihren Kindern auch Indianernamen: Naike, Aywana, Amancaya, Cochise, Julwin. Als Eltern ihren Jungen *„Crazy Horse“ (Verrücktes Pferd)* nennen wollten, lehnte das Standesamt ab. Findest du diese Entscheidung richtig?

Erörterung von Maria F.:

1. Schüler: Ich finde es richtig, dass die Standesämter den Namen „Crazy Horse" für einen Jungen abgelehnt haben. Ich glaube, die Eltern haben sich das nicht richtig überlegt.

2. Schüler: Da bin ich aber anderer Meinung. Ich finde, dass der Name schön klingt. Das ist ein Name, den nicht jeder hat. Außerdem ist es Sache der Eltern, wie sie ihren Jungen nennen wollen.

1. Schüler: Nein! Die Eltern haben nicht das Recht, ihr Kind „Crazy Horse" zu nennen. „Crazy Horse Müller" – findest du wirklich, dass diese Zusammenstellung schön klingt? „Crazy Horse" heißt „verrücktes Pferd". Liegt es da nicht nahe, dass das Kind später von seinen Mitschülern gehänselt wird. Es könnte doch sein, dass der Junge gar nicht „crazy", sondern schüchtern und zurückhaltend ist.

2. Schüler: Ich will dir nicht widersprechen, aber meinst du, man sollte Kindern immer wieder dieselben alten Namen geben? Das ist doch langweilig. Jeder sollte einen eigenen, unverwechselbaren Namen haben dürfen. Crazy Horse wäre ein origineller Name. Indianernamen wie Aywana oder Cochise sind auch sehr ungewöhnlich und werden von den Standesämtern nicht beanstandet.

1. Schüler: Ich meine, auch solche Namen sollten nicht gegeben werden. Denke mal weiter. Der Junge wird später Lehrer und heißt Crazy Horse oder Cochise. Der wird ja eine Witzfigur! Oder er wird Finanzbeamter oder Bankdirektor und an seiner Tür steht der komische Name. Dieser Name würde für den Menschen sein ganzes Leben lang eine Belastung sein. Ich möchte auf keinen Fall so heißen.

2. Schüler: Im Grunde hast du Recht. Ein Erwachsener sollte nicht Crazy Horse heißen. Viele Leute haben schon unter ihrem Nachnamen zu leiden. Hast du in dem Zeitungsartikel gelesen, dass der Leiter der Forschungsstelle „Hengst" heißt? So möchte ich nicht heißen.

Analyse von Marias Erörterung

Beantworte die Fragen zum Aufsatz von Maria.

1. Welche Meinung vertritt Schüler 1?
(Unterstreiche mit einem Rotstift die Stelle, wo er seine Meinung äußert.)

2. Welche Meinung vertritt Schüler 2?
(Unterstreiche mit einem grünen Stift die Stelle, wo er seine Meinung sagt.)

3. Welche Argumente bringt Schüler 1 vor?
(Nummeriere sie mit einem Rotstift am Rand.)
Es sind insgesamt ____________ Argumente.

4. Welche Argumente bringt Schüler 2 vor?
(Nummeriere sie mit einem grünen Stift am Rand.)
Es sind insgesamt ____________ Argumente.

5. An welchen Stellen beziehen sich Schüler 1 und Schüler 2 auf die Argumente des anderen?
Das geschieht in den Zeilen ____________.

6. Kannst du erkennen, welche Meinung Maria vertritt?

Sie meint: ____

____

____

Lösungen auf Seite 213

Ein hilfreiches Instrument für deine Aufsatzanalyse ist die Übersicht von gegenüber. Übertrage sie in dein Übungsheft und schreibe die Ergebnisse deiner Analyse hinein.

Übrigens: Das Formblatt auf Seite 191 kannst du genauso gut zur *Stoffsammlung* für eine Erörterung verwenden.

Analyse einer Erörterung

Welches Problem wird erörtert? **Problem**

Welche Lösungsmöglichkeiten sind denkbar? **Lösungsvorschläge**

Lösungsmöglichkeit 1:

Lösungsmöglichkeit 2:

(Kreuze die Lösungsmöglichkeit an, die du als Aufsatzschreiber richtig findest.)

Argumente für Lösungsmöglichkeit 1: **Argumente**

Argumente für Lösungsmöglichkeit 2:

Mögliche Einwände gegen diese Argumente: **Einwände**

Mögliche Einwände gegen diese Argumente:

Maria F. hatte ihre Erörterung als Diskussion zwischen zwei Schülern geschrieben (vergleiche Seite 189). Selbstverständlich kann man eine Erörterung auch als fortlaufenden Text schreiben, wie der folgende Modellaufsatz zeigt.

Erörterung von Vanessa P.:

Sachverhalt *Die Zeitung berichtet, dass Eltern ihren Stammhalter „Crazy Horse“ nennen wollten. Das Standesamt hat diesen Namenswunsch jedoch abgelehnt.* **Problem** *War diese Entscheidung richtig?*

Meine Entscheidung *Ich bin der Meinung, dass das Standesamt richtig entschieden hat.* **Meine Gründe** *Ich glaube, dass sich die Eltern nicht genügend überlegt haben, welche Folgen dieser Name für den Jungen haben wird. Es liegt nahe, dass er von seinen Mitschülern gehänselt wird, besonders wenn er gar nicht „crazy“, sondern schüchtern und zurückhaltend ist. Auch als Erwachsener hätte er unter diesem Namen zu leiden. Als Lehrer könnte er mit diesem Namen zur Witzfigur werden, auch bei einem Finanzbeamten oder Bankdirektor ist solch ein Name an der Bürotür nicht vorstellbar.*

1. Einwand *Gegen meine Meinung könnte man einwenden, dass es das Recht der Eltern sein sollte, für ihr Kind einen Namen nach ihrem Geschmack auszusuchen.* **Zurückweisung des Einwands** *Ich meine aber, dass die Eltern auch daran denken sollten, dass ihr Kind einmal erwachsen sein wird.* – **2. Einwand** *Man könnte außerdem einwenden, dass „Crazy Horse“ ein origineller, unverwechselbarer Name wäre.* **Zurückweisung des Einwands** *Darauf würde ich antworten, dass dieser Name zwar originell ist, aber lächerlich wirkt.*

Schlussgedanke *„Crazy Horse“ (oder „Pumuckl“) wären höchstens als Spitznamen oder als Kosenamen für Kinder geeignet.*

Vergleiche die Diskussion auf Seite 189 mit diesem Aufsatz. In beiden Aufsätzen findest du dieselbe Entscheidung und dieselben Argumente.

Wenn du die Modellaufsätze auf Seite 189 und 192 gelesen und die Aufgaben gemacht hast, weißt du, worauf es bei einer *Erörterung* ankommt.

Das Wichtigste in Kürze: Die Erörterung

- Der Ausgangspunkt für jede Erörterung ist ein **problematischer Sachverhalt.**

In unserem Beispiel: Ist es richtig, dass das Standesamt den Namen „Crazy Horse" nicht akzeptiert hat?

- Für jedes Problem gibt es mindestens *zwei Lösungsmöglichkeiten.*

Hier: Ja, es ist richtig, dass das Standesamt diesen Namen nicht akzeptierte. / Nein, das ist falsch; das Standesamt hätte den Namen akzeptieren müssen.

- Der Aufsatzschreiber muss sich für eine Lösungsmöglichkeit entscheiden.
- Für jede Lösungsmöglichkeit gibt es **Argumente.** Es ist sehr empfehlenswert, die Argumente in *zwei Spalten* auf dem Schmierzettel zu notieren. (Vergleiche hierzu auch das Formblatt auf Seite 191.)
- Gegen diese Argumente gibt es möglicherweise **Einwände.** Dich interessieren besonders die Einwände, die deine eigene Meinung betreffen. Du wirst dir überlegen, wie du sie zurückweisen kannst.
- Der Aufsatz von Maria F. ist als *Diskussion* geschrieben. Schüler 1 und Schüler 2 vertreten unterschiedliche Meinungen. – Es ist selbstverständlich auch möglich, die Erörterung als *fortlaufenden Aufsatz* zu schreiben. (Siehe Vanessas Text auf der Nebenseite.)

Übungsaufsätze

Verkehrsverstoß

Lies diesen Zeitungsartikel durch:

ADAC: Allgemeiner Deutscher Automobil-Club

Koma: Bewusstlosigkeit

München/Verkehr

Kranker Vogel gibt kein Recht zum Rasen

Ein kranker Wellensittich ist kein ausreichender Grund, bedeutend schneller zu fahren als erlaubt. Der *ADAC* wies gestern auf diese Entscheidung des Oberlandesgerichts Düsseldorf hin. Die Richter hatten einen Autofahrer zu 450 Mark Geldbuße verurteilt, weil er auf der Autobahn die zulässige Geschwindigkeit um 54 Stundenkilometer überschritten hatte. Er wollte seinen im *Koma* liegenden Vogel möglichst schnell zum Tierarzt bringen und war der Meinung, dass dieser Notstand den Verkehrsverstoß rechtfertige.

Nach Ansicht des Gerichts hat sich der tierfreundliche Autofahrer allerdings getäuscht, da er zur Rettung eines Tieres die Gefährdung von Menschenleben in Kauf nahm. Sieht man sich gezwungen, wegen eines Notstands Vorschriften und Gesetze zu verletzen, so müsse das dabei verfolgte Interesse bedeutend höherrangig sein als das verletzte Rechtsgut, erklärte das Gericht. Ein Rettungsversuch für einen Wellensittich rechtfertige nicht die Gefährdung von Menschen.

▶ Aktenzeichen: 2Ss (OWi) 97/90 (OWi) 30/90 II)

Schreibe die Ansichten des Autofahrers und des Gerichts auf.

Stoffsammlung

Argumente des Autofahrers:	Argumente des Gerichts:
______________________	______________________
______________________	______________________
______________________	______________________
______________________	______________________
______________________	______________________
______________________	______________________

Lösungen auf Seite 214

Rizzi Bird

Zum 40-jährigen Firmenjubiläum hat eine deutsche Ferienfluggesellschaft eines ihrer Flugzeuge ungewöhnlich lackieren lassen.

„Rizzi Bird": Die ausgefallene Bemalung der Boeing 757 stammt von dem Künstler James Rizzi.

Aufgaben:

1. Beschreibe kurz das originelle Design, das der New Yorker Maler *James Rizzi* entworfen hat.
2. Wie wirkt dieses Flugzeug auf dich?

Ich finde die Bemalung gut. Meine Gründe:	Ich habe Bedenken, wenn ich diese Bemalung sehe. Meine Gründe:
______________________	______________________
______________________	______________________
______________________	______________________
______________________	______________________
______________________	______________________
______________________	______________________

Stoffsammlung

Ballonfahrt?

Im Heißluftballon eineinhalb Stunden über Wetzlar und Gießen. Der Verkehrsverein Wetzlar bietet in der nächsten Woche Fahrten mit dem Heißluftballon an. 380 DM kostet die Fahrt. Sie wird von einem hauptamtlichen Ballonpiloten im Korb durchgeführt. Ein Begleitfahrzeug verfolgt auf dem Boden die Route des Ballons. Nach der Landung fährt es die Gäste zum Startpunkt zurück. **Weitere Informationen unter der Telefonnummer …**

Du hast diese Annonce in der Zeitung gelesen und schlägst deinem Vater vor, solch eine Ballonfahrt zu unternehmen. Dein Vater hat jedoch sehr starke Bedenken. Notiere in Stichworten deine Argumente und die deines Vaters. Schreibe dann die Erörterung.

Stoffsammlung

Deine Argumente:	Die Bedenken deines Vaters:
______________________	______________________
______________________	______________________
______________________	______________________
______________________	______________________
______________________	______________________

Die Entscheidung:

____

Wenzel Strapinski

Erörterungen kann man auch im Anschluss an literarische Texte schreiben. Ich komme noch einmal auf die Novelle *„Kleider machen Leute"* von Gottfried Keller zurück.

Du erinnerst dich:
Mehrere Wochen lang wird Wenzel Strapinski in Goldach für einen Grafen gehalten. Er tut nichts, um den Irrtum aufzuklären.

Thema:
Hätte man nicht von Wenzel Strapinski erwarten können, dass er den Leuten – und vor allem seiner Verlobten Nettchen – die Wahrheit sagt?

Entscheidungsmöglichkeiten:

1. ______________________________

____

2. ______________________________

____

Einen Aufsatz zu diesem Thema findest du auf Seite 214/215.

Wichtige Gründe für die beiden Entscheidungsmöglichkeiten:

Für 1:

____

____

____

____

____

____

____

____

____

____

Für 2:

____

____

____

____

____

____

____

____

____

____

▪ Finde den treffenden Ausdruck ▪

a) Unterstreiche die falschen oder ungeschickten Formulierungen.
b) Schreibe eine angemessene Formulierung unter jedes Beispiel.

Beachte die überflüssige Wiederholung:

1. *In den Wochen, in denen Strapinski in Goldach ist, sagt Strapinski nie, dass er kein Graf ist.* (B. W.)

____

____

Hier ist ein Verb falsch:

2. *Strapinski hätte Nettchen die Wahrheit erzählen müssen.* (A. B.)

____

Im folgenden Satz müsste man sich treffender ausdrücken:

3. *Was hättest du getan, wenn du ein hungriger Schneider wärst und dir die allerschönsten Sachen angeboten würden?* (B. V.)

____

____

In den Beispielen 4–6 stehen umgangssprachliche Übertreibungen:

4. *Das ist echt unfair.* (V. A.)

____

5. *Dann ist er garantiert der falsche Mann für Nettchen.* (St. M.)

____

6. *Es hätte Wenzel doch ganz schön viel Mut gekostet, das Missverständnis aufzuklären.* (B. W.)

____

____

Hier verwendet ein Schüler schlechte Umgangssprache:

7. *Melchior Böhni hasste Strapinski, weil der Schneider ihm Nettchen weggeschnappt hatte.* (St. T.)

In den Beispielen 8–10 stehen ungeschickte bildliche Ausdrücke:

8. *Wenn du das beste Essen siehst, würdest du dann nicht schwach werden?* (W. B.)

9. *Das gute Essen und die freundliche Behandlung haben den Schneider doch blind gemacht.* (W. Z.)

Lösungen auf Seite 215

10. *Wenn man ein bisschen Köpfchen besitzt, wird man bedenken, was das für Folgen hat.* (E. I.)

In den letzten Beispielen stehen unnötige „Füllwörter", die wir Deutschen beim Sprechen so gern verwenden – die man beim Schreiben weglassen sollte, weil die Aussage des Satzes ohne diese Füllwörter nicht verändert wird.

11. *Er hätte doch einfach sagen können, dass das Ganze ein Missverständnis ist.* (A. R.)

12. *Er hätte den Leuten ja von Anfang an sagen können, dass er kein Graf ist.* (V. J.)

13. *Ich finde es ganz richtig, dass sich Nettchen mit Wenzel verlobt.* (H. K.)

14. *Das war wirklich nicht gerade fair von Böhni.* (V. S.)

15. *Er war ja auch sehr höflich und sah auch noch gut aus.* (H. C.)

▪ Testaufgaben ▪

Ein wichtiger Gesichtspunkt für die Beurteilung einer Erörterung ist die *Zahl* der vorgetragenen Argumente.
Lies die folgenden Erörterungen durch und stelle die Argumente in der Übersicht auf Seite 202 zusammen.

Thema: Schreibe ein Streitgespräch zwischen einem Schüler und einer Schülerin. Der Schüler ist dagegen, dass sich Wenzel mit Nettchen verlobt, die Schülerin dafür.

Aufsatz von Horst K.:

Schüler: Ich finde es nicht richtig, dass sich Wenzel mit Nettchen verlobt.

Schülerin: Da bin ich anderer Meinung. Ich finde es richtig, dass sich Nettchen mit Wenzel verlobt. Beide haben sich schon auf den ersten Blick verliebt. Das kann man deutlich erkennen.

Schüler: Das ist aber noch kein Grund, sich zu verloben. Wenn man sich sieht, sich sympathisch findet, ist das doch wohl kein Grund, sich schon zu verloben!

Schülerin: Aber Nettchen ist fest davon überzeugt, dass Wenzel der richtige Mann für sie ist. Er hat gute Manieren, ist sehr höflich und sieht gut aus.

Schüler: Man kann einen Menschen nicht nach seinem Aussehen beurteilen. Jemand kann gut aussehen und einen schlechten Charakter haben.

Schülerin: Ja, aber die meisten Leute achten zunächst auf das Aussehen und nicht so sehr auf den Charakter.

Schüler: Nein, das stimmt nicht. Ich zum Beispiel achte sehr auf den Charakter meiner Freunde. Ich würde mich mit keiner Frau verloben, wenn ich sie erst so kurze Zeit kenne. Außerdem wird Nettchen bei der Verlobung schwer beleidigt.

Schülerin: Ja, da hast du Recht. Wenn ich es mir richtig überlege, würde ich an Nettchens Stelle nicht so spontan reagieren und mich so schnell mit Wenzel verloben.

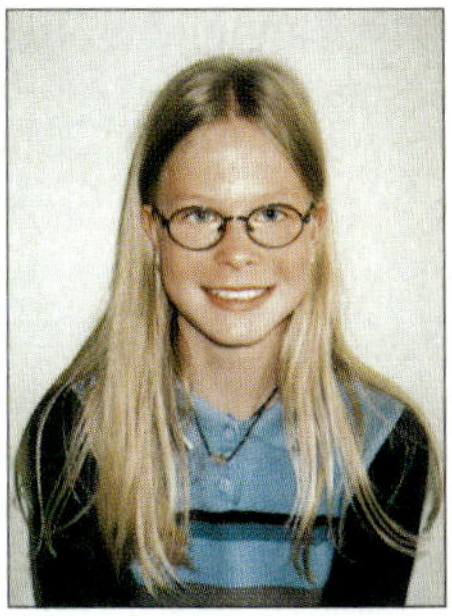

Aufsatz von Silke N.:

Schüler: Ich finde es nicht richtig, dass sich Wenzel mit Nettchen verlobt.

Schülerin: Ich bin anderer Meinung. Ich finde es richtig, dass sich Nettchen mit dem Mann verlobt, in den sie sich auf den ersten Blick verliebt hat.

Schüler: Das ist kein Grund, sich zu verloben. Ich bin der Meinung, man muss sich erst näher kennen lernen. Das dauert mindestens ein Jahr. Nettchens Vater hat schon Recht, wenn er sie „eine dumme Gans“ nennt.

Schülerin: Trotzdem kann ich sie verstehen. Wenn ich einen gut aussehenden Grafen treffen würde, der dazu noch viel Geld hat, hätte ich mich vielleicht auch verliebt. Das musst du verstehen.

Schüler: Erstens hat Wenzel gar kein Geld, zweitens ist er kein Graf und drittens soll man nicht nur auf das Aussehen eines Mannes achten, sondern auf seinen Charakter.

Schülerin: Aber Nettchen konnte doch nicht wissen, dass Wenzel kein Graf ist. Wie hätte sie das herausbekommen können?

Schüler: Ganz einfach: Sie hätte misstrauischer sein müssen und hätte einmal fragen müssen, wo denn sein Schlösschen steht, wer seine Eltern sind usw.

Schülerin: Ja, da ist etwas Wahres dran. Aber ich finde, Wenzel hat es verdient, endlich zu heiraten und eine Familie zu gründen. Nun ist er glücklich und sein Leben hat einen neuen Sinn bekommen.

Schüler: Während der Verlobungsfeier fühlt Wenzel sich so unglücklich, dass er sich das Leben nehmen will! Das kommt daher, dass sein Verhalten unverantwortlich ist. Verstehst du das nicht?

Schülerin: Was ist unverantwortlich?

Schüler: Er hätte seiner Verlobten sagen müssen, dass er kein Graf ist. Zu seiner Verlobten muss man ehrlich sein! Er hat kein Geld, noch nicht einmal ein Haus, wo sie leben können. Was denkt sich dieser Mann eigentlich?

Schülerin: Eigentlich hast du Recht, aber …

Schüler: Da gibt es kein „Aber“, die Verlobung hätte unter diesen Umständen auf keinen Fall stattfinden dürfen.

Welche Argumente werden in den beiden Aufsätzen vorgetragen? Trage sie in die Übersicht ein.

Argumente von Horst:	**Argumente von Silke:**
1. ______________________	1. ______________________
______________________	______________________
______________________	______________________
______________________	______________________
______________________	______________________
______________________	______________________
______________________	______________________
______________________	______________________
______________________	______________________
______________________	______________________
______________________	______________________
______________________	______________________
______________________	______________________
______________________	______________________
______________________	______________________

Lösungen auf Seite 215/216

Es sind insgesamt: ________ Es sind insgesamt: ________

Inhaltsreicher ist also der Aufsatz von ______________________

LÖSUNGEN

Die Gegenstandsbeschreibung

Seite 84

Aufgabe 1: Fragen zum Text

Material: Gold oder etwas Ähnliches
Länge: 40 bis 50 cm
Verschluss: Ringverschluss
Anhänger: kleines Herz zum Aufklappen
Im Herzen sind eingraviert die Buchstaben S und A, ineinander geschrieben.

Seite 86

Das „Laufrad"

Aufsatz von Heike G.:

Auf dem Bild sieht man das Laufrad, das der Freiherr Drais von Sauerbronn 1817 erfunden hat.

Das Laufrad besteht aus zwei Rädern, die aus Holz sind und so aussehen, wie damals die Räder von Pferdewagen gemacht waren. Die beiden Räder sind unter einer Querstange miteinander verbunden. Mehrere Latten dienen zur Befestigung der Räder. Vorn kann man eine Art Steuer sehen, an einem waagerechten Griff kann man das Vorderrad nach rechts oder nach links verschieben. Hinten ist ein flacher Sattel befestigt.

Das Bild zeigt auch, wie der Freiherr auf seinem Laufrad fuhr. Er musste sich mit den Füßen auf dem Boden abstoßen. Auf ebener Strecke konnte er den Schwung ausnutzen. Auf leicht abschüssiger Strecke konnte er sein Rad rollen lassen und die Füße hochnehmen. Auf stark abschüssiger Strecke musste er mit den Füßen bremsen, so wie man das heute noch auf einem Schlitten tut.

Seite 89

Beschreibung des Lenkdrachens

Kopf: Spitze des Drachens
Leitkante: die vordere Kante der Segelflächen
Schleppkante: die hintere Kante der Segelflächen
Vordere und hintere Spreize: stabförmige Querverbindungen der beiden Seitenholme
Mittelholm: Stab in Längsrichtung vom Kopf bis zur Schleppkante
Seitenholme: die beiden Stäbe, die vom Kopf des Drachens wegführen

Seite 90/91

Finde den treffenden Ausdruck

1. Der Freiherr von Sauerbronn erzählte, dass er mit seinem Laufrad schneller sei, als ein Pferd laufen könnte.
2. An einem 2 Meter langen Balken waren zwei Räder an stabilen Gabeln befestigt, eins vorn, das andere hinten.
3. Die Räder verbindet eine Holzlatte. Sie war sozusagen der Rahmen.
4. … üblich sind, …
5. Der eine steuert und betätigt gleichzeitig das Gaspedal.
6. Letzten Sonntag war ich auf der Kirmes.
7. … aber das ist bestimmt sehr gefährlich.
8. Hinten am Auto ist eine lange Stange angeschweißt. Oben ist der Stromabnehmer.
9. … ob ich ein bisschen Geld haben kann.

Seite 92–95

Testaufgabe 1

Hat die Oma nun verstanden, was ein Autoskooter ist?

1. Nein – 2. Nein – 3. Nein – 4. Nein – 5. falsch – 6. unwichtig – 7. zu lang (Folgende Sätze könnten gestrichen werden: *Letzten Sonntag war ich auf der Kirmes. Leider hatte ich kein Geld mehr … Also fing ich an, es ihr zu erklären.)*

Testaufgabe 2

1. Ja – 2. Ja *(Elektroautos)* – 3. Ja *(Man kann die anderen Autos rammen und die Mädchen erschrecken.)* – 4. Ja *(dicker Gummiring, der den Stoß abmildert)* – 5. nicht zu lang –
6. Die Oma möchte auch Autoskooter fahren.
7. netter Einfall

Benotung der Aufsätze

Zensurenbereich „sehr gut", „gut": Christian
Zensurenbereich „mangelhaft": Bianca

Personenbeschreibung/ Personencharakteristik

Seite 103

Übersicht

> **A.** Was versteht man unter Eitelkeit?
> Wer eitel ist, möchte schön sein und bewundert werden.
>
> **B.** Wie zeigt sich die Eitelkeit einer Person konkret in ihrem Leben?
> - Sitzt lange vor dem Spiegel.
> - Schminkt sich.
> - Färbt sich die Haare.
> - Liebt modische, extravagante Kleidung.
> - Will die Blicke auf sich ziehen.
> - Hungert, treibt Sport, um die Idealfigur zu bekommen und zu halten.

Seite 107

Aufgabe 6

1. Unterstreiche mit einem Rotstift, wo Verena schreibt, was sie unter *Eitelkeit* versteht.

Miriam war ungeheuer eitel. Ihre Schönheit war ihr das Wichtigste im Leben … Wenn ich ihre Schönheit bewunderte, war sie mit mir zufrieden, für andere Dinge hatte sie kein Interesse.

2. Schreibe in die Liste, wie sich die Eitelkeit von Miriam konkret in ihrem Zusammensein mit Verena zeigt.

- Verena bemerkt, dass Miriam auffällig hübsch aussieht.
- Haare sind gefärbt, Korkenzieherlöckchen.
- Miriam geht in die Geschäfte für Kleidung und Kosmetik.
- Sie probiert Kleidungsstücke und kauft eine elegante Hose für 220,– DM.
- Miriam zeigt Verena andere schicke Kleidungsstücke im Hotelzimmer.
- Miriam verwendet Bräunungscreme.

(Die Eitelkeit von Miriam zeigt sich an **6** konkreten Einzelheiten.)

Seite 110

Mein neuer Banknachbar

Stoffsammlung:

Was ist ein Streber (eine Stritze)?
- Ein Streber möchte unbedingt (sehr) gute Noten haben.
- Er möchte nach Möglichkeit der beste Schüler sein.
- Dabei zeigt der Streber auch unkameradschaftliches Verhalten.

Wie verhält sich ein Streber?
- Er hilft seinen Mitschülern nicht. Er lässt auch den Banknachbarn nicht abschreiben.
- Der Streber behauptet, dass er zu Hause kaum lernt. In Wirklichkeit lernt er sehr lange.
- Der Streber lässt sich beim Aufsatz von seinem Vater helfen und sagt, dass er den Aufsatz allein geschrieben hat.
- Der Streber möchte sich bei den Lehrern beliebt machen. Zeigt großes Interesse, auch nach dem Unterricht. Sagt immer das, was der Lehrer gern hören will.

Seite 116

Peter, ein typisches Einzelkind

Stoffsammlung:

Einzelkinder haben eine stärkere Beziehung zu ihren Eltern als andere Kinder.
- Einzelkinder werden von ihren Eltern meistens sehr geliebt, erhalten viel Zuwendung, viele Geschenke.
- Sie erwarten das dann auch außerhalb der Familie.

Einzelkinder haben weniger Umgang mit gleichaltrigen Kindern.
- Einzelkinder haben nicht gelernt, sich auf andere Kinder einzustellen, mit ihnen zu spielen, zu teilen.
- Sie sind oft Einzelgänger, sie haben nicht gelernt, sich durchzusetzen, sich zu behaupten, schlagfertig zu sein.

Seite 117

Eine Austauschschülerin bei uns zu Hause

Aufsatz von Verena L.:

Lucia war eine italienische Austauschschülerin bei meiner Schwester. Sie ist 16 Jahre alt, hat kurze, braune Haare und trägt eine Brille.
Sie achtet sehr auf ihr Äußeres; für meinen Geschmack schminkte sie sich fürchterlich mit braunen Lidschatten und rosa Lippenstift.
Lucia machte auf mich einen unfreundlichen Eindruck, denn als meine Schwester Geburtstag hatte, hat Lucia ihr nicht gratuliert. Sie hat auch nie, wenn sie morgens zum Frühstück kam, „Guten Morgen" gesagt. Außerdem war sie unzuverlässig. Wenn sie abends in eine Disco ging, ist sie zur verabredeten Zeit nicht wiedergekommen. Mitten in der Nacht mussten wir sie mehrmals lange suchen. Als wir sie endlich gefunden hatten, haben meine Eltern zwar nicht richtig mit ihr geschimpft, aber ihr doch deutlich zu verstehen gegeben, dass so ein Verhalten nicht in Ordnung ist. Darauf war sie beleidigt, weil wir sie angeblich zu früh abgeholt hätten. Die Discobesuche waren für Lucia das Wichtigste. Meine Eltern haben wohl mit den Eltern von Lucia telefoniert. Eines Sonntags stand das italienische Auto vor unserer Tür und Lucia, die schmollend keinen Ton mehr sagte, wurde abgeholt.
In ihrem Zimmer hatte sie auf den Spiegel mit Lippenstift eine Fratze mit heraushängender Zunge gemalt. Das war der Abschied eines Mädchens, dem zu Hause sehr strenge Eltern überhaupt nichts erlaubten, das sich aber bei uns in Deutschland alle Freiheiten herausnehmen wollte.

Zu Besuch bei einem Mitschüler im Krankenhaus

Aufsatz von Dieter F.:

Christoph, unser Klassensprecher, lag schon mehrere Tage im Krankenhaus. Wir beschlossen, ihn dort zu besuchen.

„Station 6, Zimmer 614", wurde uns gesagt. Endlich hatten wir das Zimmer gefunden, Andreas klopfte an, machte die Tür vorsichtig auf. Tatsächlich, dort am Fenster lag Christoph. Eigentlich sahen wir nur seinen Kopf, eingerahmt von Fruchtsäften und Blumensträußen. Er sah weiß aus, bewegte sich nicht und sagte leise: „Hallo!". Wir wussten nicht, wie wir uns verteilen sollten. Einer wollte sich auf die Bettkante setzen. Da zog Christoph ängstlich die Augenbrauen zusammen und hauchte: „Nein, nicht hier!" Wir waren überrascht, in der Klasse konnte Christoph nur schreien und brüllen. „Wie geht es dir denn?", fragte Andreas artig. „Ach ja ...!", seufzte Christoph. „Hast du Schmerzen?", fragte Andreas. Christoph antwortete nicht. „Was hast du eigentlich?", wollte Michael wissen. „Eine stark vereiterte Blinddarmentzündung", sagte Christoph und wurde ganz gelb im Gesicht. „Bist du operiert worden?" – „Ja, und jetzt habe ich Schläuche im Bauch." Ich wollte gerade sagen: „Lass mal sehen!", als die Zimmertür aufging und eine unfreundliche Schwester hereinkam. „Ihr müsst jetzt gehen", sagte sie streng.

Als wir wieder auf dem Flur waren, war ich doch erstaunt: Dieser blasse, ängstliche Junge war unser Christoph, unser Klassensprecher, unser Anführer, der lauteste, frechste Schüler? Wie die Krankheit die Menschen doch verändern kann.

Seite 119

Wenzel Strapinski

Das Charakteristische an dieser literarischen Person ist der Gegensatz zwischen seiner **äußeren Erscheinung** und seinen **Verhältnissen.**

Äußere Erscheinung:

Edles, romantisches Aussehen.

- Schwarzes Sonntagskleid, dunkelgrauer Radmantel mit schwarzem Samt, polnische Pelzmütze.
- Lange, schwarze Haare, gepflegtes Schnurrbärtchen.
- Blasse, regelmäßige Gesichtszüge.

Verhältnisse:

Armer Schneider ohne Geld und ohne Arbeit.

- Geht zu Fuß auf der Landstraße, friert.
- Hat noch nichts gefrühstückt.
- Müsste eigentlich betteln gehen.

Seite 123

Analyse „Kapitän Cook"

Auffällige äußerliche Merkmale:	Hinweise auf den Charakter:
1. Körperbau: dürr, hager, breite Schultern, starker und gesunder Körperbau, etwa 6 Fuß groß, lange Beine	
2. Haltung, Art zu gehen: – stark gebückt – Gang	… wie alle Seefahrer; … gemeiner Matrose Mann, der geboren war, den Erdkreis zu umwandeln.
3. Gesicht, Haare: – Stirnhöhlen und Augenbrauen groß und stark – Nase lang und dick – graue, kleine Augen – hohe Jochbeine – überhängende Oberlippe – viele Falten im Gesicht – Haare strack, hellbraun (früher rot) – Gesicht hatte natürliche bleiche Farbe.	scharf blickend schottisches Aussehen finsteres, störrisches, zurückhaltendes Wesen Mann von früher Anstrengung und Erfahrung, der viele Hindernisse überwunden hat; seines Glückes Schmied, bei der Arbeit geschwitzt; despotischer Schiffskapitän
Verhalten:	
4. Umgangsformen: – Möchte nicht singen oder pfeifen. – Sagte wenig in Gesellschaft. – Trank samstags ein Glas Punsch auf seine Frau.	nicht angenehm, mürrisch ohne Höflichkeit, Gefälligkeit, Geist
5. Verhalten bei Gefahr: – Stampfte, tobte, folgte dem Rat der Offiziere.	Vorsicht, Mut; es fehlte ihm an entschlossener Kühle. Reagierte hitzig.
6. Verhältnis zum Geld: – Hatte sich durch eigenes Verdienst emporgearbeitet. – Lebte sparsam. Hinterließ seiner Witwe ein Vermögen.	Arbeitssam, beharrlich, geizig, legte großen Wert auf Geld.

Seite 124/125

Finde den treffenden Ausdruck

1. Jan war an diesem Tag schlecht drauf.
Jan war an diesem Tag schlecht aufgelegt.
2. Als die Jungen auf mich losgehen wollten, kam mir Jan zu Hilfe und warf sich auf einen der Typen.
Als die Jungen mich bedrohten, kam mir Jan zu Hilfe und griff einen von ihnen an.
3. Meine Freundin war sehr nervös, aber richtig ausgerastet ist sie nicht.
Meine Freundin war sehr nervös, konnte sich aber noch beherrschen.
4. Sie wollte immer cool wirken.
Sie wollte immer ruhig und überlegen wirken.
5. Mein Bruder kennt sich ganz toll mit Tieren aus.
Mein Bruder kennt sich gut mit Tieren aus.
6. Mein Opa ist ein richtiger Scherzkeks und hat immer einen Spaß auf Lager.
Mein Opa ist ein richtiger Witzbold. Er ist immer zu Späßen aufgelegt.
7. … auch mein kleiner Bruder gab dann noch seinen Senf dazu.
… auch mein kleiner Bruder sagte ungefragt seine Meinung.
8. Meine Freundin liest unheimlich gern.
Meine Freundin liest sehr gern/für ihr Leben gern.
9. Mein Freund und ich waren total überrascht.
Mein Freund und ich waren (sehr) überrascht.
10. … Ich haute sie total daneben. Mein Freund ist ziemlich gut in Englisch.
Ich schrieb eine Sechs. Mein Freund ist gut in Englisch.
11. Meine Freundin ist zur vereinbarten Zeit nicht bei mir aufgetaucht.
Meine Freundin ist zur vereinbarten Zeit nicht zu mir gekommen.
12. Wenn mein kleiner Bruder uns mit seinen Fragen beim Spielen unterbricht, nervt uns das ganz schön.
Wenn mein kleiner Bruder uns mit seinen Fragen beim Spielen unterbricht, geht uns das auf die Nerven/ärgert uns das.

Seite 126–131

Testaufgabe

Benotung der Aufsätze:
Zensurenbereich „mangelhaft": Rabea, Beate.

Analyse von Rabeas Aufsatz:
1. … ein persönliches Urteil.
2. unklare Ausdrucksweise. *Vielleicht:* … jünger als ich.
3. … überflüssige Wiederholung.
4. Dieser Hinweis ist überflüssig.
5. Draußen spielte er viel Federball und Fußball. *Das* konnte er gut.
6. Nein.
7. … möchte man wissen, warum Rabea ablehnt.
8. Nein. (Vielleicht ist er neugierig?)
9. … Spielkamerad.
10. Weil plötzlich Charaktermerkmale aufgezählt werden, die sich aus dem Aufsatz bisher *nicht* ergeben.
11. Er hilft beim Abräumen; er hilft den Mädchen beim Transport der Bade- und Spielsachen.
12. freundlich, hilfsbereit, lacht gern
Beachte: Diese Charaktermerkmale ergeben sich *nicht* aus dem Aufsatz.

Analyse von Beates Aufsatz:
1. Der Nebensatz sollte weggelassen werden.
2. Beachte die Lidschatten, die Wimperntusche, die Schminke.
3. … dann einfach mal …
4. b) sofort/auf den ersten Blick
5. a) auch
6. Weil er nichts zur Personencharakteristik von Stephanie beiträgt.
7. Das ist ein schlechter und unanschaulicher umgangssprachlicher Ausdruck.

Der Bericht

Seite 133

Analyse eines Berichts

Worüber wird berichtet?
Über einen Verkehrsunfall.
Wann ist es passiert?
Am Freitagmorgen gegen 9 Uhr.
Wo haben die Ereignisse stattgefunden?
In Neustadt, Wetzlarer Straße.
Wer sind die wichtigsten Personen?
Name: –
Alter: 24 Jahre
Geschlecht: männlich
Wohnort: Frankfurt
Sonstige Angaben zu den Personen:
Fuhr einen Volkswagen Golf
Verlauf der Ereignisse:
1. Ein 24-jähriger Frankfurter ist auf dem Weg von Wetzlar nach Butzbach.
2. Kommt nach Neustadt.
3. Gerät in einer lang gezogenen Kurve ins Schleudern und prallt gegen einen Baum.
Ergebnis: Totalschaden am Auto. Fahrer hat schwere Verletzungen und wird mit Notarztwagen ins Bonifatius-Krankenhaus nach Wetzlar gebracht.

Seite 137

Stoffsammlung für den Polizeibericht

Worüber wird berichtet?
Iris wird von drei Jungen überfallen.
Wann ist es passiert?
Nachmittags, vor Weihnachten.
Wo haben die Ereignisse stattgefunden?
In der Stadt Wetzlar, nahe Burggasse.
Wer sind die wichtigsten Personen?
Name: Iris, Andrea (drei Jungen, Namen unbekannt).
Alter: Iris und Andrea sind 13 Jahre alt, die Jungen ungefähr 17 Jahre.
Geschlecht: weiblich bzw. männlich
Wohnort: Wetzlar
Verlauf der Ereignisse:
1. Iris und Andrea gehen in die Stadt.
2. Andrea geht in ein Geschäft, um ein Geschenk zu kaufen.
3. Iris bleibt draußen und wird von drei Jungen überfallen.
4. Die Jungen halten ihr den Mund zu und ziehen sie in die Burggasse.
5. Iris beißt einem Jungen in die Hand und ruft um Hilfe.
6. Andrea kommt und hilft Iris. Die Jungen lassen Iris los.
Ergebnis: Iris ist nichts passiert. Die Mädchen gehen schnell weg.

Seite 138/139

Ein Verkehrsunfall

Aufsatz von Jana G.:

Am 19. 4. um 7.45 Uhr ereignete sich auf der Hauptstraße ein schwerer Unfall. Darin verwickelt waren ein 12-jähriger Junge, eine Radfahrerin, ein Pkw und ein Schulbus.
Der 12-jährige Junge lief zwischen zwei am Straßenrand parkenden Fahrzeugen auf die Straße. Weil das Fahrzeug links von ihm ein großer Lkw war, konnte die Radfahrerin den Jungen nicht schnell genug sehen und wich auf die Fahrbahnmitte aus. Das führte dazu, dass ein Pkw scharf bremsen musste und ein Schulbus auf ihn auffuhr. Dadurch wurde der Pkw ein Stück nach vorn geschoben und riss die Radfahrerin um.
Etwas später kamen Polizei und Krankenwagen. Die Radfahrerin wurde mit einem gebrochenen Bein und wohl auch mit einer Gehirnerschütterung ins Krankenhaus gebracht. Der Busfahrer, der Pkw-Fahrer und der Junge blieben unverletzt. Es entstand aber hoher Sachschaden.

Seite 144/145

Finde den treffenden Ausdruck

1. tragisch
2. Eine Schülerin fuhr auf die Hafenstraße, ohne auf den Verkehr zu achten.
3. … eine Unfallmeldung.
4. Die Radfahrerin wurde von einem Pkw schwer verletzt.
5. Die Radfahrerin fuhr auf die Straße, ohne auf den Verkehr zu achten.
6. Sehverhältnisse. *Richtig:* Sichtverhältnisse.
7. zum Stand kommen. *Richtig:* zum Stehen kommen
8. Reaktionsvermögen
9. erwischt. *Richtig:* umgefahren
10. Sie musste später … ins Hospital gefahren werden/eingeliefert werden.
11. ca. (*gegen* bedeutet ca.)
12. Ein nachfolgender Lkw fuhr auf das Auto.
13. … weil viele Gaffer auf der Straße standen.
14. Den ganzen Satz streichen.

Seite 146–149

Testaufgaben

Benotung der Aufsätze:
Zensur I/II: Jörg K.
Zensur III/IV: Hanna G.
Zensur V: Timo M.
(Ausdrucksmängel im Aufsatz von Timo: Wie aus dem „Nichts" tauchte … auf; … junge Mädchen; … musste alle Bremsen ziehen.)

Die Inhaltsangabe

Seite 156

Analyse der Inhaltsangabe auf Seite 81

Überschrift des Textes: „Berühmte Namen"
Verfasser: Erika Gerhardt
Textsorte: Aufsatz
Quelle des Textes: –
Thema des Textes: Die Verfasserin nennt die Namen von Menschen, die so berühmt geworden sind, dass wir sie heute täglich benutzen.
Zahl der Sinnabschnitte: zwei
1. Sinnabschnitt von Zeile 1–10
Worum geht es? Die Verfasserin nennt drei berühmte Namen.
Wichtige Einzelheiten: Duden, der Verfasser des Rechtschreibwörterbuchs, Watt, der Erfinder der Dampfmaschine, Diesel, der Erfinder eines Motors.
2. Sinnabschnitt von Zeile 11–30
Worum geht es? Es geht um das elfjährige Mädchen Mercedes.
Wichtige Einzelheiten: Ihr Vater war Generalvertreter für Daimler-Autos und sorgte dafür, dass ein Modell 1900 den Namen seiner Tochter bekam.

Seite 162

Sinnabschnitte angeben

1. richtig – 2. falsch, unangemessen – 3. richtig
4. unangemessen – 5. unangemessen
6. falsch – 7. richtig – 8. falsch – 9. unangemessen – 10. unangemessen – 11. richtig

Seite 166/167

Aufgabe zu „Pole Poppenspäler"

1. Nenne die beiden Initialen des Schülers, der das Thema am besten formuliert hat – richtig und vollständig: D. L.
Kannst du deine Entscheidung rechtfertigen?
D. L. schreibt richtig, dass es der *zweite Abschied* ist. Er weist auf Pauls Gefühle hin: seine Tränen und seine Traurigkeit, als er zurückbleibt.
2. Nenne die Initialen der beiden Schüler, die das Thema am schlechtesten formuliert haben – sehr ungenau, unvollständig oder sogar falsch:

A. R. (Paul spielt in diesem Textauszug eine sehr wichtige Rolle und wird nicht erwähnt.)
D. K. (Es stimmt nicht, dass der Autor in diesem Textauszug erzählt, wie die Puppenbühne abgebaut wird.)

Seite 170

Fragen zu „Das Gold von Caxamalca"

1. Drei Sinnabschnitte:
   1. Das Angebot des Inka (Zeile 1–17)
   2. Die Reaktionen der Spanier (Zeile 18–31)
   3. Der Vertrag zwischen den Spaniern und dem Inka (Zeile 32–40)
2. a) Ja – b) Nein – c) Ja – d) Ja – e) Ja – f) Ja – g) Nein – h) Ja – i) Nein

Seite 173

Wilhelm Tell, 3. Aufzug, 3. Szene

Inhaltsangabe von Rolf P.:
Diese Szene stammt aus dem Schauspiel „Wilhelm Tell" von Friedrich Schiller. Sie enthält die Vorgänge nach dem Apfelschuss bis zur Festnahme von Tell.
Die Szene gliedert sich in zwei Sinnabschnitte. Im ersten Abschnitt (Vers 2032–2048) erleben wir, was passiert, unmittelbar nachdem Tell geschossen hat. Stauffacher bemerkt als erster, dass der Schuss gefallen ist. Alle freuen sich und loben Gott, dass Tells Sohn lebt.
Im zweiten Abschnitt kommt es zu Tells Verhaftung. Zuvor wird er von Geßler gefragt, warum er einen zweiten Pfeil herausgenommen habe. Zunächst weicht Tell aus. Als aber Geßler unbedingt die Wahrheit wissen will und Tells Leben garantiert, sagt dieser „mit einem furchtbaren Blick": Mit dem zweiten Pfeil hätte er Geßler getötet, wenn er seinen Sohn getroffen hätte. Darauf lässt Geßler ihn festnehmen.

Seite 174/175

Textsorten

Sachtexte	*Erzählende Texte*
Bericht	Ballade
Brief (je nach Inhalt)	Brief (je nach Inhalt)
Inhaltsangabe	Comic
Interview	Drama
Leserbrief	Erzählung
Zeitungsartikel	Fabel
	Gedicht
	Kurzgeschichte
	Lustspiel
	Märchen
	Novelle
	Roman
	Schauspiel
	Schwank
	Sciencefiction
	Legende

Seite 176/177

Finde den treffenden Ausdruck

1. Der General Hernando und die anderen *sind geteilter Meinung.*
2. Das veranlasst ihn, dem Vorschlag *zuzustimmen.*
3. Dann wird *erzählt,* wie Pizarro sagt …
4. … bis an die das Gold *reichen* soll.
5. … wie er mit den Händen *reichen kann.*
6. Außerdem wird ein Vertrag *ausgefertigt* …
7. Der Text *stammt* aus der Erzählung …
8. Der dritte Sinnabschnitt *beginnt* Seite 31, Zeile 3.
9. Atahuallpa macht *den Spaniern einen Vorschlag.*
10. … und versieht *den Vertrag* mit einem Siegel.
11. … wie *sich der Inka freikaufen* will. / … wie der Inka *sein Leben mit Gold retten* will.
12. Im dritten Sinnabschnitt *ist Pizarro einverstanden, dass sich der Inka* mit Gold freikaufen kann.

Seite 178–181

Testaufgabe 1: Analyse von MacCools Aufsatz

1. Textsorte: ungenau. (Richtige Textsorte ist „Novelle".)
2. Angabe des Autors: fehlt. (Theodor Storm)
3. Thema des Textes: ungenau. (Richtig wäre: … erzählt der Autor, wie sich Paul ein zweites Mal von Lisei verabschiedet.)
4. Einteilung in Sinnabschnitte: fehlt. (Mögliche Gliederung: Zeile 1–7, Zeile 7–26, Zeile 27–Schluss.)
5. Einzelheiten: Falsch: „Die Tendlers machten sich zum Weiterziehen fertig." Überflüssig, unwesentlich: „… mit ihrem neuen Mäntelchen", „Da waren sie schon."
6. Was fällt dir außerdem an diesem Aufsatz auf?
a) MacCool verwendet nicht das **Präsens,** sondern die Vergangenheit.
b) Direkte Rede soll nicht in der Inhaltsangabe vorkommen.

Testaufgabe 2: Analyse von Florians Aufsatz

1. Textsorte: richtig.
2. Autor: richtig.
3. Thema des Textes: ungenau. (Der Inka will nicht nur sein Leben, sondern auch seine Freiheit.)
4. Einteilung in Sinnabschnitte: richtig.
5. Erster Sinnabschnitt: ungenau. (Zunächst bietet der Inka weniger Gold.)
6. Zweiter Sinnabschnitt: ungenau. (Es wird nicht erwähnt, aus welchen Gründen sich Pizarro für den Vorschlag entscheidet.)
7. Dritter Sinnabschnitt: ungenau. (Der Inka fordert zwei Monate Zeit.)

Testaufgabe 3: Analyse von Erics Aufsatz

1. Angabe der Textsorte: richtig.
2. Angabe des Autors: richtig.
3. Thema des Textes: richtig.
4. Einteilung in Sinnabschnitte: richtig.
5. Einzelheiten des ersten Sinnabschnitts: richtig.
6. Einzelheiten des zweiten Sinnabschnitts: richtig.

Benotung der drei Aufsätze

Zensur „sehr gut"/„gut": Eric
Zensur „befriedigend": Florian
Zensur „mangelhaft": MacCool

Die Erörterung

Seite 183

Beleg-Erörterung

Argumente gegen Kinderarbeit:

1. Fünf- und Sechsjährige verderben sich bei fahlem Fabriklicht die Augen.
2. Sie atmen lungenschädigenden Wollstaub ein.
3. Sie vergiften sich schleichend mit gesundheitsschädlicher Textilfarbe.

Seite 186

Argumente für Kinderarbeit:

1. Delwar wurde entlassen; ohne seinen Monatslohn von 30 Mark ist die achtköpfige Familie verloren.
2. Er sammelt jetzt Altpapier auf der Straße und verdient viel weniger.
3. Die Kinder suchen sich gefährlichere Jobs und verrichten noch härtere Arbeit.

Seite 190

Analyse von Marias Erörterung

1. Welche Meinung vertritt Schüler 1?

Ich finde es richtig, dass die Standesämter den Namen „Crazy Horse" für einen Jungen abgelehnt haben.

2. Welche Meinung vertritt Schüler 2?

Da bin ich aber anderer Meinung. (Die Standesämter sollten diesen Namen zulassen.)

3. Welche Argumente bringt Schüler 1 vor?

- Crazy Horse Müller klingt nicht schön.
- Das Kind kann wegen des Namens von seinen Mitschülern gehänselt werden.
- Es könnte sein, dass der Junge nicht „crazy", sondern schüchtern und zurückhaltend ist.
- Für einen Lehrer, Finanzbeamten oder Bankdirektor wäre der Name eine Belastung.

Es sind insgesamt 4 Argumente.

4. Welche Argumente bringt Schüler 2 vor?

- Der Name klingt schön.
- Das ist ein Name, den nicht jeder hat, ein unverwechselbarer Name (Zeile 8, 19/20).
- Es ist Sache der Eltern, wie sie ihr Kind nennen.
- Es ist langweilig, wenn man immer nur die alten Namen hört.
- „Crazy Horse" ist ein origineller Name.
- Indianernamen werden auch akzeptiert.

Es sind insgesamt 6 Argumente.

5. An welchen Stellen beziehen sich Schüler 1 und Schüler 2 auf die Argumente des anderen?

Schüler 1: Zeile 10–12, Zeile 24/25

Schüler 2: Zeile 17, Zeile 31.

6. Kannst du erkennen, welche Meinung Maria vertritt?

Maria findet es richtig, dass der Name „Crazy Horse" vom Standesamt abgelehnt wurde. (Zum Schluss meinen das Schüler 1 und auch Schüler 2.)

Seite 194

Verkehrsverstoß

Argumente des Autofahrers:	*Argumente des Gerichts:*
	– Sie sind zu schnell gefahren. Das ist ein Verkehrsverstoß. Sie bekommen eine Geldstrafe.
– Ich bin nur deshalb schnell gefahren, weil ich einen kranken Vogel zum Tierarzt bringen wollte.	
	– Die Rettung eines Wellensittichs rechtfertigt nicht die Gefährdung von Menschenleben.

Mögliche weitere Argumente des Autofahrers:
- Der Wellensittich gehört meiner Tochter. Sie wäre todunglücklich, wenn der Vogel stirbt. Die Polizei hat kein Verständnis für Kinder!
- 54 Stundenkilometer schneller als erlaubt ist auf der Autobahn nicht sehr viel. Von „Rasen" kann keine Rede sein.
- Tatsächlich habe ich keine Menschenleben gefährdet. Bei Gefahr wäre ich sofort langsamer gefahren.

Seite 197

Wenzel Strapinski

Thema: ***Hätte man nicht von Wenzel Strapinski erwarten können, dass er den Leuten – und vor allem seiner Verlobten Nettchen – die Wahrheit sagt?***

Aufsatz von Corinna N.:
1. Schüler: In den Wochen, in denen Strapinski in Goldach ist, sagt er nie, dass er kein Graf, sondern nur ein Schneider ist. Eigentlich hätte man von ihm erwarten müssen, dass er den Leuten – und vor allem Nettchen – die Wahrheit sagt.
2. Schüler: Ich bin nicht deiner Meinung. Ich kann gut verstehen, dass er es den Leuten nicht gesagt hat. Er wurde von den Goldachern regelrecht gezwungen, den Grafen zu spielen. Die Leute ließen ihm keine andere Wahl.
1. Schüler: Trotzdem, schon im eigenen Interesse. Er hätte wissen müssen, dass er in große Schwierigkeiten kommt. Schon im Gasthaus hätte er darauf aufmerksam machen müssen, dass er kein Graf ist.
2. Schüler: Das finde ich nicht. Es wird gesagt, dass er sehr hungrig ist, deshalb ist es verständlich, dass er sich das gute Essen nicht entgehen lässt.
1. Schüler: Gut. Das ist zu verstehen. Aber er wusste ganz genau, dass er das großartige Essen nicht bezahlen konnte. Er hätte ehrlich sagen müssen, dass er ein Schneider ist. Spätestens vor der Verlobung mit Nettchen. Das kann doch nie eine gute Ehe

werden, wenn der Mann seine Verlobte belügt. Da wirst du mir doch Recht geben.
2. Schüler: Das stimmt. Aber Wenzel hatte große Angst, dass Nettchen ihn verlässt, wenn sie seine wahre Herkunft erfährt. Später hätte er bestimmt irgendwann die Wahrheit gesagt.
1. Schüler: Er hätte es immer weiter hinausgeschoben, da bin ich mir sicher.
2. Schüler: Ich glaube, du hast wirklich Recht. Gegenüber Nettchen hätte er ehrlich sein müssen. Dass die Goldacher betrogen werden, daran haben sie zum größten Teil selbst Schuld.

Seite 198/199

Finde den treffenden Ausdruck

1. In den Wochen, in denen Strapinski in Goldach ist, sagt Strapinski nie, dass er kein Graf ist.
In den Wochen in Goldach sagt Strapinski nie, dass er kein Graf ist.
2. Strapinski hätte Nettchen die Wahrheit erzählen müssen.
Strapinski hätte Nettchen die Wahrheit sagen müssen.
3. … und dir die allerschönsten Sachen angeboten würden.
… und dir die besten Speisen angeboten würden.
4. Das ist echt unfair.
Das ist sehr unfair.
5. Dann ist er garantiert der falsche Mann für Nettchen.
Dann ist er ganz bestimmt der falsche Mann für Nettchen.
6. Es hätte Wenzel doch ganz schön viel Mut gekostet …
Es hätte Wenzel sehr viel Mut gekostet …
7. … weil der Schneider ihm Nettchen weggeschnappt hatte.
… weil der Schneider ihm Nettchen abspenstig gemacht hatte.
8. … würdest du dann nicht schwach werden?
… würdest du dann nicht die Hemmungen verlieren und zugreifen?
9. Das gute Essen und die freundliche Behandlung haben den Schneider doch blind gemacht.
Das gute Essen und die freundliche Behandlung haben dem Schneider alle Bedenken genommen.
10. Wenn man ein bisschen Köpfchen besitzt, wird man bedenken …
Wenn man klug/vernünftig ist, wird man bedenken …
11. Er hätte doch einfach sagen können …
Er hätte sagen können …
12. Er hätte den Leuten ja von Anfang an sagen können …
Er hätte den Leuten von Anfang an sagen können …
13. Ich finde es ganz richtig …
Ich finde es richtig …
14. Das war wirklich nicht gerade fair von Böhni.
Das war nicht fair von Böhni.
15. Er war ja auch sehr höflich und sah auch noch gut aus.
Er war sehr höflich und sah gut aus.

Seite 200–202

Testaufgabe: Vergleich zweier Aufsätze

Argumente von Horst:
1. Beide haben sich auf den ersten Blick verliebt.
2. Wenzel hat gute Manieren.
3. Er ist sehr höflich.
4. Er sieht gut aus.
5. Wenzel kann einen schlechten Charakter haben.
6. Wenzel und Nettchen kennen sich zu kurze Zeit.

7. Nettchen wird bei der Verlobung schwer beleidigt.

Argumente von Silke:

1. Nettchen hat sich auf den ersten Blick in Wenzel verliebt.
2. Ihre Bekanntschaft ist noch zu kurz.
3. Nettchen meint, dass Wenzel gut aussieht.
4. ... dass er ein Graf ist.
5. ... dass er viel Geld hat.
6. Nettchen hätte misstrauischer sein müssen.
7. Wenzel hat es verdient, endlich zu heiraten.
8. Er ist glücklich, sein Leben hat einen neuen Sinn bekommen.
9. Sein Verhalten ist unverantwortlich.
10. Zu seiner Verlobten hätte Wenzel ehrlich sein müssen.

Inhaltsreicher ist der Aufsatz von Silke.

Quellenhinweise:

S. 31–33: Peter Härtling, „Der Hase Theodor". Aus: ders., „Kiko, Kaiser, Max und Ko",
© Pädagogischer Verlag Schwann, Düsseldorf 1974
S. 37: Jean de La Fontaine, „Der Fuchs und der Storch". Aus: Edmund Mudrak (Hrsg.),
„Das große Buch der Fabeln",
© Ensslin & Laiblin, Reutlingen 1962
S. 48: Heinrich Hoffmann, „Die Geschichte vom fliegenden Robert". Aus: ders., „Der Struwwelpeter"
S. 49–52: Eugen Oker, „Die Geschichte vom fliegenden Robert".
Aus: Hans-Joachim Gelberg (Hrsg.), „Viertes Jahrbuch der Kinderliteratur",
© Verlag Beltz & Gelberg, Weinheim und Basel 1977
S. 60–61: Bettina von Arnim, „In der Postkutsche nach Weimar".
Aus: dies., „Sämtliche Werke", hrsg. von Waldemar Oehlke, Berlin 1920–1922
S. 116: Eduard Mörike, „Selbstgeständnis 39".
Aus: „Sämtliche Werke", Carl Hanser Verlag, München 1976
S. 119: Auszug aus: Gottfried Keller, „Kleider machen Leute", Stuttgart 1990
S. 120–122: Auszug aus: Georg Christoph Lichtenberg, „Kapitän Cook".
Aus: Gesammelte Werke, Bd. II, hrsg. von W. Grenzmann, Baden-Baden o.J.
S. 159: Zeitungsartikel aus: © Neue Osnabrücker Zeitung vom 19. 3. 96
(Christine Biegler: „Schuluniformen ein Rezept gegen Gewalt")
S. 161: Gotthold Ephraim Lessing: „Der Rabe und der Fuchs",
Rahmenrichtlinien NRW 7./8. Klasse, S. 138
S. 164/165: Auszug aus: Theodor Storm, „Pole Poppenspäler", Stuttgart 1970
S. 168–170: Auszug aus: Jakob Wassermann, „Das Gold von Caxamalca",
© Philipp Reclam, Stuttgart 1953
S. 171/172: Auszug aus: Friedrich Schiller, „Wilhelm Tell", Stuttgart 1990
S. 182: Rudolf Kirsten: „Wer hat Recht?". Aus: ders., „Hundertfünf Fabeln",
© Logos Verlag, Zürich 1960
S. 184: Zeitungsartikel aus: Welt am Sonntag vom 7. 4. 96
S. 187: Zeitungsartikel aus: © Emder Zeitung vom 30. 3. 96
(Peer Meinert: „Boykottaktionen richten Schaden an: Kinderarbeit in Asien")
S. 188: Zeitungartikel aus: © Neue Osnabrücker Zeitung vom 9. 12. 95
(Sabine Fuchs: „‚Verrücktes Pferd' nicht erwünscht")
S. 194: Zeitungsartikel aus: Emder Zeitung vom 30. 10. 90